股权激励
公允价值估计中的管理者
自由裁量行为研究

GUQUAN JILI

GONGYUN JIAZHI GUJI ZHONG DE GUANLIZHE

ZIYOU CAILIANG XINGWEI YANJIU

杨金坤 著

中国财经出版传媒集团
经济科学出版社
Economic Science Press

图书在版编目（CIP）数据

股权激励公允价值估计中的管理者自由裁量行为研究/
杨金坤著. －－北京：经济科学出版社，2023.7
ISBN 978 － 7 － 5218 － 4959 － 2

Ⅰ. ①股…　Ⅱ. ①杨…　Ⅲ. ①企业－管理人员－关系－
股权激励－管理行为－研究　Ⅳ. ①F272. 923

中国国家版本馆 CIP 数据核字（2023）第 132786 号

责任编辑：张　蕾
责任校对：靳玉环
责任印制：邱　天

股权激励公允价值估计中的管理者自由裁量行为研究
杨金坤　著
经济科学出版社出版、发行　新华书店经销
社址：北京市海淀区阜成路甲 28 号　邮编：100142
应用经济分社电话：010 － 88191375　发行部电话：010 － 88191522
网址：www. esp. com. cn
电子邮箱：esp@ esp. com. cn
天猫网店：经济科学出版社旗舰店
网址：http：//jjkxcbs. tmall. com
固安华明印业有限公司印装
710 × 1000　16 开　12 印张　200000 字
2023 年 8 月第 1 版　2023 年 8 月第 1 次印刷
ISBN 978 － 7 － 5218 － 4959 － 2　定价：89.00 元
（图书出现印装问题，本社负责调换。电话：010 － 88191545）
（版权所有　侵权必究　打击盗版　举报热线：010 － 88191661
QQ：2242791300　营销中心电话：010 － 88191537
电子邮箱：dbts@ esp. com. cn）

前　言

　　在世界性会计组织的推动下，公允价值会计因预期能显著提高会计信息决策有用性而被广泛运用于世界各国会计实务中。然而，21 世纪初安然、世通等一系列财务丑闻的爆发，以及美国次贷危机进而引发的全球性金融危机，在导致巨大经济损失的同时，也触发了各界对公允价值会计运用的质疑，特别是非活跃市场环境下的公允价值估计是否因赋予管理者过大自由裁量权而影响会计信息质量？囿于会计信息生产过程犹如一个"黑箱"，管理者在会计估计中的自由裁量行为外界难以观察，这使得已有研究对这一"黑箱"的内部作用机理知之甚少。

　　作为非活跃市场环境下公允价值估计中的一项重要运用，员工股权激励公允价值估计为揭开其中管理者自由裁量行为的"黑箱"，研究上述问题提供重要契机。不同于公允价值在其他资产或负债的运用（如商誉、贷款损失准备等），管理者往往直接列报公允价值估计的最终结果及对损益的影响。对于股权激励公允价值，管理者通过选择特定的估值模型（如 Black-Scholes 期权定价模型）与参数（如预计股价波动率、预计股利支付率等）进行估计，并在表外披露估计过程信息，这为观察管理者如何估计股权激励的公允价值提供了重要的经验数据支撑。

　　那么，在公允价值估计中，管理者是否表现出明显的自由裁量行为？其背后究竟存在何种行为动机？又会有怎样的经济后果性？存在哪些潜在的内外部治理机制去保证会计信息质量？立足于中国"新兴＋转轨"的特殊制度背景，从理论与经验上回答这些问题，对确保公允价值信息可靠性，增强我国资本市场信息供给质量至关重要。

　　基于此，本书遵循"行为识别与测度→行为动机→行为后果→缓解机制"的逻辑思路，重点考察了我国上市公司股权激励公允价值估计中的管理者自由裁量行为，其背后的行为动机，产生的经济后果，以及潜在的缓解机制。并获得如下主要研究结论。

（1）公允价值对股权激励期权定价模型中输入参数的调整十分敏感，且历史经验值和行业基准值与公司披露的估值参数输入值存在显著差异，特别是，管理层披露的公允价值显著低于通过预计参数输入值估计所得的公允价值。这表明，在股权激励公允价值估计中，管理者存在明显的自由裁量行为，导致公允价值普遍被低估。

（2）管理层盈余管理动机（盈利水平越低、股票期权费用越大）和薪酬自利动机（未实现激励股权价值越大、过度薪酬支付越严重）越强，股权激励公允价值低估程度越大。但是，公司财务风险、经营风险以及股利支付与公允价值估计偏差没有显著相关关系。进一步研究发现，当公司治理质量较低、外部审计监管较差时，管理者自由裁量的机会主义动机更占主导。

（3）在机会主义动机下，管理者自由裁量行为显著降低了会计信息的可靠性；同时，自由裁量程度与股票价格显著负相关，且这一关系在可靠性较低的样本中更为明显。进一步研究发现，附注披露的信息质量有助于改善这一现象，特别是对于风险等私有信息传递动机较强的公司更为明显。

（4）高质量的公司治理、内部控制以及独立审计有助于改善管理者自由裁量行为，提高公允价值可靠性；此外，有效的内外部治理机制，均能够显著提升公允价值估计相关信息的披露质量。

本书得到国家自然科学基金青年项目（72202153）、天津市哲学社会科学规划基金项目（TJGL21－035）和天津市高等学校人文社会科学研究一般项目（2020SK118）的支持，谨此致谢！

由于水平所限，书中疏漏与不足之处，恳请读者批评指正。

作　者

2023 年 3 月

目 录
Contents

| 第一章 |

导　论

第一节　研究背景

在世界性会计组织的推动下，公允价值会计因预期能显著提高会计信息决策有用性而被广泛运用于世界各国会计实务中。然而，21 世纪初美国安然、世通等一系列财务丑闻的爆发，以及美国次贷危机进而引发的全球性金融危机，在导致巨大经济损失的同时，也触发了各界对公允价值会计是否为罪魁祸首的大辩论。讨论的核心问题之一是：公允价值尤其是非活跃市场环境下的公允价值估计是否因赋予管理者过大自由裁量权而影响会计信息质量？一些银行家、金融业人士甚至是资本市场投资者将公允价值会计的运用视为导致此次金融危机的主要原因，其中公允价值的度量误差则是主要批评之一（Dechow et al.，2010；Song et al.，2010；Chen and Ewelt-Knauer，2013；Goh et al.，2015；Badia et al.，2017；Lin et al.，2017），尤其是当公允价值估计不存在活跃市场时（Easley and O'Hara，2010）。公允价值会计的关注度激增也促使国际会计界迅速行动起来，并重新审视公允价值会计准则。2008 年 10 月 10 日，美国证券交易委员会（United States Securities and Exchange Commission，SEC）与美国财务会计准则委员会（FASB）联合发布《美国财务会计准则第 157 号——公允价值计量》3 号立场公告，以规范非活跃市场环境下的公允价值计量问题。尽管随后研究表明，公允价值会计并非金融危机的始作俑者（Amel-Zadeh and Meeks，2013；Laux and Leuz，2010；Barth and Landsman，2010；Ryan，2008；谭洪涛等，2011；苏东海和李西文，2010），但公允价值会计的运用的确因赋予管理者较大的自由裁量权，对会计信息质量产生重要影响（Chen and Ewelt-Knauer，2013；Dechow et al.，2010；Song et al.，2010）。然而，会计信息的可靠性很难度量，而会计信息生产过程中的管理者自由裁量行为又犹如一个"黑箱"，外界难以观察，这使得我们对这一"黑箱"的内部作用机理知之甚少。那么，现实中管理者是否又如何运用自由裁量权管理公允价值估计，进而影响会计信息质量？至今仍是一个有待检验且又重要的经验命题。

公允价值会计因其会计处理的特殊性和对管理者主观判断的依赖，导致在世界范围内普遍受到争议，其发展历程也并非顺遂。在美国，早在 20 世纪 80 年代中期，财务会计准则委员会（Financial Accounting Standard Board，FASB）就首次考虑以公允价值计量进行会计处理。1993 年 6 月，FASB 发布另一项提案，要求公司以公允价值支付股权激励股票期权，但这一提议遭到了严重依赖股票期权来补偿员工的会计师事务所和众多行业的抗议。随后，关于公允价值会计的多次提议都遭到了强烈反对。为了回应这种反对，1995 年 10 月，FASB 通过了一个折中的提案：《美国财务会计准则第 123 号——基于股份的薪酬补偿的会计处理》（SFAS 123）鼓励企业采用公允价值会计，但允许它们继续选择使用美国会计原则委员会（APB）于 1972 年制定的第 25 号意见书《员工持股的会计处理》（APB 25）中的标准，只需将期权补偿的形式成本在其财务报表的脚注中披露即可。随后的十年间，越来越多的公司自愿采用公允价值会计。然而，缺乏规范的公允价值会计导致了会计信息质量的严重失真，并随之爆发一系列财务丑闻。这迫使 FASB 紧急制定新的提案。2004 年 3 月，FASB 再次公布提案并于同年 12 月通过，被采纳为《美国财务会计准则第 123 号——基于股份的薪酬补偿的会计处理》的修订版（SFAS 123R）。《美国财务会计准则第 123 号——基于股份的薪酬补偿的会计处理》的修订版要求所有公司在财务报表中采用公允价值法进行计量，并对股权激励股票期权进行费用化处理。不仅如此，2008 年 10 月 10 日，美国证券交易委员会（SEC）与 FASB 联合发布《美国财务会计准则第 157 号——公允价值计量》3 号立场公告（SFAS 157 – 3），进一步规范非活跃市场环境下的公允价值计量问题。

在我国，自 20 世纪 90 年代至今，公允价值计量先后经历引入、废止、再引入的过程，这是由于人们始终对其对会计信息质量的影响心存疑虑。但是，我国在坚持历史成本的基础上，最终决定适度、谨慎地引入了公允价值。2006 年 2 月 15 日，在参照国际财务报告准则并充分考虑我国特殊国情的基础上，《企业会计准则—基本准则》应运而生，其中对于公允价值进行了明确定义（与之前并无重大改变），实现与国际财务报告准则的实质性趋同。

同年，财政部颁布了《中国注册会计师审计师准则第 1322 号——公允价值计量和披露准则》以及应用指南，要求注册会计师对公允价值计量的资产、负债及价值评估模型或信息进行评价，检查客户的公允价值计量和披露是否与会计准则一致。但是，由于非活跃市场赋予管理者的自由裁量空间，公允价值估计所带来的主观性和不确定性导致公允价值的信息质量依然难以保证。鉴于此，财政部先后于 2014 年、2017 年修订、发布①了第 39 号、第 22 号、第 23 号以及第 24 号准则，进一步规范公允价值计量和披露，并按照公允价值估计过程中所涉及的输入参考值的获取方式将公允价值计量分为三个层次，即 Level I 市价计量、Level II 同类市价计量、Level III 可靠估值计量。不难看出，与世界范围内的其他会计准则相同，对于三个层次的区分主要是基于市场的活跃程度以及资产或负债价值的获取难度而制定的。在活跃市场环境下，公允价值信息被证实具有价值相关性；但是，当资产或负债不存在活跃市场价值时，公允价值估计因赋予管理者过大自由裁量空间，已成为上市公司盈余操纵的新手段（Dechow et al.，2010；王守海等，2017；蔡利等，2018），严重影响会计信息质量。然而，囿于会计信息生产过程犹如一个"黑箱"，管理者会计估计中的自由裁量行为外界难以观察，这使得已有研究对这一"黑箱"的内部作用机理知之甚少。

作为非活跃市场环境下公允价值估计一项重要运用，员工股权激励公允价值估计为揭开其中的管理者自由裁量行为的"黑箱"，研究上述问题提供重要契机。不同于公允价值在其他资产或负债的运用（如商誉、贷款损失准备等），管理者往往直接列报公允价值估计的最终结果及对损益的影响。对员工激励股权的公允价值，管理者通过选择特定的估值模型（如 Black-Scholes 期权定价模型，简称"B-S 模型"）与参数（如预计股价波动率、预计股利支付率等）进行估计，并在表外披露估计过程信息，这为我们观察管理者如何估计股权激励的公允价值提供了重要的经验数据支撑。

基于《美国财务会计准则第 123 号——基于股份的薪酬补偿的会计处

---

① 我国新企业会计准则下，涉及包括《企业会计准则第 11 号——股份支付》在内的公允价值计量共 17 项，然而，结合《企业会计准则第 39 号——公允价值计量》来看，现有准则对于非活跃市场下的公允价值估计并未有明确规范，如参数选择的范围、依据等。

理》的披露管制环境，国外学者为管理者股票期权公允价值估计中的自由裁量行为提供了一定的经验证据。管理者往往通过调整估计参数、改变预计期权寿命或预计估计股价波动率等来操控期权公允价值（Murphy，1996；Yermack，1998；Aboody et al.，2006；Hodder et al.，2006；Liu et al.，2014；Belze et al.，2016）。在我国，伴随着会计准则的国际趋同与公允价值会计的逐步推行，公允价值估计中的管理者机会主义行为（主要集中于盈余管理行为）也已初见端倪（戴德明等，2005；吕长江和巩娜，2009；刘志远和白默，2010；刘行健和刘昭，2014；李文耀和许新霞，2015；王守海等，2017；蔡利等，2018）。然而遗憾的是，由于公允价值会计在我国仍然处于发展阶段，关于公允价值估计中的管理者自由裁量行为的研究还较少，尤其是基于股权激励公允价值估计的问题。更为重要的是，相比西方发达资本市场，由于我国法律法规制度尚未完善，企业和职业会计领域的专业能力与业务素质欠缺，社会第三方中介又难以实施有效监督，因此，导致实际处理中得到的公允价值极不公允（王建新，2005）。尽管自2014年7月1日起我国施行的《企业会计准则第39号——公允价值计量》要求上市公司在报表附注中披露公允价值层次信息，然而，披露信息的可靠性却受到质疑。这是由于在上市公司以公允价值披露的资产中，有接近85%属于第二层级和第三层级信息（谢诗芬，2006），这些资产价值的确定需要运用大量的职业判断，具有一定的自由裁量和主观性，从而留给了管理层估值的偏见甚至盈余管理的可能性。统计数据显示，截至2017年底，我国A股上市公司股权激励费用占净利润的比重平均已达7.05%；有近380家上市公司股权激励费用对当期净利润的影响在10%以上，已达到了对净利润产生重大影响的程度（Street and Cereola，2004；吕长江和巩娜，2009）。这些初步的数据表明，当前我国上市公司股权激励已对其财务业绩产生了重要影响。

那么，在此背景下，股权激励公允价值估计中管理者是否表现出明显的自由裁量行为？其背后究竟存在何种行为动机？又会有怎样的经济后果性？存在哪些内外部治理机制去保证会计信息质量？基于此，本研究的基本命题是：对现有理论文献与中国情境综合分析的基础上，揭示我国上市公司非活跃市场环境下股权激励公允价值估计中的管理者自由裁量行为，并重点研究这些行为背后的动机、导致的经济后果及其治理机制。

第二节　概念界定

一、股权激励相关概念

在西方，员工股权激励① （employee equity incentives，EEI）制度起步较早，经过不断发展与完善使得股权激励模式多样化。我国股权激励制度引入较晚，目前资本市场主要以股票期权和限制性股票激励模式为主。

早期文献往往将股权激励等同于"管理层持股"，这是由于在 2005 年之前，我国上市公司管理层持股必须要由公司申请、经地方政府和证券监管当局联合批准，且无法在二级市场流通，这与西方发达国家的股权激励有明显区别。2005 年 12 月 31 日证监会颁布的《上市公司股权激励管理办法（试行）》标志着我国股权激励制度真正意义上的建立。该管理办法明确指出，股权激励是指上市公司以本公司股票为标的，对其董事、高级管理人员及其他员工进行的长期性激励，上市公司以限制性股票、股票期权实行股权激励的，适用本办法。因此，本书所指的股权激励并非"管理层持股"，而是管理办法中规定的长期股权激励计划。值得注意的是，自 2006 年至今，绝大多数上市公司选用股票期权和限制性股票进行股权激励，较少使用其他激励模式。股票期权是指买方在交付了期权费后即取得在合约规定的到期日或到期日以前按协议价买入或卖出一定数量相关股票的权利。它是公司授予激励对象在未来一定期限内，以预先确定的价格（执行价格）和条件，购买本公司一定数量的股票的权利，激励对象可以通过行权获得潜在收益（执行价格和市场价之差）；反之，如果在行权期股票市场价格低于行权价，则激励对象有权放弃该权利，不予行权。激励对象一般没有分红权，其收益来自股票未来股价的上涨，收益实现与否取决于未来股价的波动；而限制性股票是指上市公司按照预先确定的条件授予激励对象一定数量的本公司股票，激励对象只有在工作年限或业绩目标符合股权激励计

---

① 员工股权激励是指在股东与员工之间建立一种基于股权为基础的激励约束机制，前者授予后者股份形式的现实权益或潜在权益，激励员工从股东利益出发努力工作，实现企业价值最大化（Jensen and Meckling，1976），包括股票期权、限制性股票、股票增值权、延期支付计划、员工持股计划等。其中，前两种是当前我国上市公司采用的主要激励模式。

划规定条件的，才可出售限制性股票并从中获益。限制性股票无需投资或只须付出很少投资额的全值股票奖励，当股票持有者为企业连续服务到限制性股票所注明的时间段或者是完成预定目标之后，该激励对象即可获得股票，立即拥有企业财产的部分财产权，可以享受企业的分红。

二、公允价值相关概念

（一）公允价值的含义

"公允价值"一词作为会计学名词最早见于美国学会（American Accounting Association）发表的 *An Introduction to Corporate Accounting Standards*（1940）。随后，在1952年，埃里克·路易斯·科勒（Eric Louis Kohler）在其编著的 *Dictonary of Accountants* 一书中首次对"公允价值"进行了定义：即"公平合理之价值"。虽然这一核心理念已得到各界的广泛认可。但是，由于各国的公允价值发展进程有别，迄今为止，在世界范围内尚未存在普遍接受（genenrally accepted）的公允价值定义，即便是FASB和IASB，最初对公允价值的定义也并非一致（葛家澍和徐跃，2006）。

财务会计标准委员会（FASB）在2006年发布的《美国财务会计准则第157号——公允价值计量》（SFAS 157）中对公允价值定义为："计量日市场参与者在有序交易中出售资产所获得的或转移负债所支付的价格。"就这一定义，《美国财务会计准则第157号——公允价值计量》解释到，定义中所提到的价格是交易价格的概念，其中交易既可能为真实发生，也可能为假设的；而价格包含了出售资产收到和转移负债支付的价格，而非获取资产所支付或承担负债所收到的价格。此外，其还对不同活跃情况市场下的公允价值计量进行了分层。相较于FASB，国际会计准则委员会（International Accounting Standards Committee，IASC）对于公允价值的应用和发展要晚一些。最初只是于《国际会计准则第32号——金融工具：披露和列报》（IAS 32）和《国际会计准则第39号——金融工具：确认和计量》（IAS 39）（金融工具：确认与计量；金融工具：披露与列报）中提到对于公允价值的定义："指在公平交易中，熟悉情况的自愿当事人进行资产交换或负债清偿的金额"。可以看出，此时国际会计准则（IAS）的解释与《美国财务会计准则第

157 号——公允价值计量》（SFAS 157）略有区别，即前者提到"公平交易"，而后者则重视有序交易。随后，国际会计准则在对公允价值定义的不断修订和完善后，在 2011 年颁布了《国际会计准则第 13 号——公允价值计量》（IFRS 13）①，其中将公允价值定义为："在计量日进行的有序交易中，市场多方之间出售一项资产所收到或转移一项负债所支付的价格"。至此，国际会计准则对于公允价值的定义才日臻成熟，该定义与 2006 年 FASB 发布的《美国财务会计准则第 157 号——公允价值计量》也较为一致。

我国与西方国家公允价值的运用历程较为不同，自 20 世纪 90 年代至今，公允价值在我国先后经历多次引入、废止、再引入的过程，究其原因，人们始终对引入公允价值会计是否会影响会计信息质量心存疑虑（吴秋生和田峰，2018）。公允价值在我国最早的运用出现在 1998 年 6 月 12 日发布的《企业会计准则——债务重组》中，这标志着公允价值正式在我国确立并得到应用。随后在同年 6 月 24 日发布的《企业会计准则——投资》和次年 6 月 28 日发布的《企业会计准则——非货币性交易》中对公允价值定义为："在公平交易中熟悉情况的双方自愿进行资产交换或负债清偿的金额。"这一定义与西方国家对公允价值的概念较为相近。然而，由于我国当时的资本市场尚未成熟，在缺乏活跃的市场、专业人士的同时，监督机制亦不健全，形成大量公允价值的滥用和人为操纵利润的现象。这最终导致财政部重新修订后的会计准则回避了公允价值计量。但是，回避我国公允价值运用的可能性，意味着承认我国会计环境的不完善，是对我国"完全市场经济地位"的自我否定。这将成为发展我国会计国际化与执行 WTO 基本规则和有关协议的最大障碍之一。因此，2006 年 2 月 15 日，在参照国际财务报告准则，并充分考虑我国特殊国情的基础上，《企业会计准则——基本准则》应运而生，其中对于公允价值进行了明确定义（与之前并无重大改变），实现了与国际财务报告准则的实质性趋同。不仅如此，2014 年财政部修订、发布的《企业会计准则第 39 号——公允价值计量》（CAS 39）对公允价值进行了重新定义："指市场参与者在计量日发生的有序交易中，出售一项资产所能收到或转移一项负债所需支付的价格。"这与 IFRS 13 和《美国财务会计准则第 157 号——公

---

① IAS 和 IFRS 是国际会计准则的新老更替，2001 年以前，称为 IAS，之后统一变更为 IFRS。

允价值计量》中的定义基本一致，推动了我国与国际财务报告准则的持续趋同。本书以我国 CAS 39 号准则对公允价值的定义为标准。

（二）公允价值估计的含义

公允价值估计是指，在非活跃市场环境下，计量主体需借助估价参数和内部估算模型估计公允价值（王守海等，2012；杨书怀，2018）。可见，公允价值估计就是非活跃市场环境下的公允价值计量。前已述及，公允价值计量的目标是指市场参与者在计量日发生的有序交易中，出售一项资产所能收到或转移一项负债所需支付的价格。但是，在非活跃市场中，缺乏以有序交易的价格作为参考进行公允价值计量。此时，为了保证公允价值计量的目标，计量主体需依据职业判断、评价所有可获得的信息，以此得出估计结果。

需要注意的是，在运用模型估计公允价值时，主体应最大程度地运用可观察的参数，而最小程度地运用不可观察参数（王守海等，2012）。2014 年，财政部修订、发布的《企业会计准则第 39 号——公允价值计量》在进一步规范公允价值计量和披露的同时，按照公允价值估计过程中所涉及的输入参考值的获取方式将公允价值计量分为三个层次，即 Level Ⅰ市价计量、Level Ⅱ同类市价计量、Level Ⅲ可靠估值计量。这与 SFAS 157 和 IFRS 13 为公允价值建立的参数等级层次基本一致，均要求在非活跃市场下，主体应首先选择相同金融工具近期可观察的交易信息估计公允价值（Level Ⅰ），其次选择相似金融工具的近期交易或其他可观察的信息估计公允价值（Level Ⅱ）。对于使用不可观察参数估计公允价值时（Level Ⅱ & Ⅲ），主体需要使用估值技术进行估计。这要求主体在借助职业判断的基础下，进行参数评价、模型检验、估值调整等，最终估计获得公允价值。

可见，对于三个层次的区分，主要是基于市场的活跃程度以及资产或负债的价值的获取难度而制定的。在活跃市场环境下，公允价值的信息被证实具有价值相关性；然而，当资产或负债不存在活跃市场价值时，有关公允价值会计信息的价值相关性则得出混乱的结论。

三、自由裁量相关概念

（一）自由裁量的含义

自由裁量（discretion）一词最早源于法学领域，也称为自主权。*Oxford*

Advanced Learners Dictionary of Current English 中对自由裁量一词解释为："一种能按照个人的判断去做正确或者最好的事情的自由。"而最早关于管理者自由裁量（managerial discretion）的概念是由威廉森（Williamson，1963）在 *Managerial Discretion and Business Behavior* 一文中提到，他探究了管理者自由裁量对公司日常经营、市场竞争、资源分配等的影响。在会计研究领域，德肖等（Dechow et al.，1995）使用这一概念对管理层对应计制会计的自由裁量和盈余管理之间进行了探讨。后续也有大量研究以自由裁量视角考察管理者的财务行为（Ryan and Wiggins，2002；Aggarwal and Samwick，2006；Coles et al.，2006；Fargher and Zhang，2014），他们认为自由裁量为管理者提供较大的空间，这种主观判断会影响决策者如经营决策、信息输出等行为。因此，管理层自由裁量可以被看作管理层根据企业具体环境、目标以及个人偏好，在既定的范围内，对可选择的具体方法、程序进行比较分析后，作出决策并加以执行的过程（王中信和杨得明，2006）。

（二）自由裁量行为识别的含义

自由裁量行为往往是难以观察的，因其提供给自由裁量者较大的主观判断空间，而人的行为的决定因素众多且错综复杂，无法形成统一的评价标准。因此，在现有微观经济活动中，自由裁量行为难以直接识别，而是更多通过微观实体活动进行观察。例如，以企业投资水平识别管理者自由裁量行为；通过分红计划识别管理者自由裁量行为；利用企业债务情况识别管理者自由裁量行为等。本书主要从非活跃市场环境下的公允价值估计视角切入，并借助股权激励独特的经验数据，对管理者的自由裁量行为进行识别。

第三节　研究目的与研究意义

一、研究目的

在非活跃市场环境下，公允价值因主要依赖主观估计与判断，充斥着大量管理者自由裁量行为，对会计信息质量及其资源配置效率造成重要影响。然而，自由裁量行为犹如一个"黑箱"，其如何影响信息质量始终是各国资本市场监管层与准则制定层亟待解决的重要难题。本书利用手工收集的员工股权激励表外披露信息的数据，研究上市公司管理者如何运用其自由裁量操控股权激励公允价值估计，包括估计模型、参数的选择，并重点研究这些行为背后深层次动机（机会主义还是信息交流）、经济后果（信息可靠性与价值相关性）及其治理机制。在当前世界性会计组织不断推动公允价值会计的背景下，本书对我国如何更好地基于当前制度环境向国际会计准则持续趋同、实现"规则"导向向"原则"导向的会计准则过渡具有重要现实意义，也为公允价值估计中的自由裁量行为提供中国的经验证据，丰富公允价值会计理论与公司治理理论。

基于此，研究的总体目标是：立足于当前我国制度背景，以股权激励公允价值估计为研究对象，揭示我国上市公司非活跃市场环境下公允价值估计中的管理者自由裁量行为，并重点研究这些行为背后的动机、导致的经济后果及其治理机制。具体包括四个子目标：其一，揭示我国上市公司管理者股权激励公允价值估计中是否又如何实施自由裁量；其二，从机会主义和信息的传递两方面探究其背后深层次的动因；其三，从公允价值信息可靠性与相关性两方面，研究股权激励公允价值估计中的管理者自由裁量行为在会计信息中的经济后果；其四，探索股权激励公允价值估计中，有效抑制管理者可能的机会主义行为的治理机制。

二、研究意义

第一，立足于股权激励制度在我国资本市场运用呈现出的"独特"背景，以手工收集的员工股权激励表外信息披露的经验数据，揭开非活跃市场环境公允价值估计中管理者实施自由裁量的"黑箱"，研究有助于丰富公允价值会计理论，为国际会计准则制定层提供来自新兴市场的经验证据，也为我国会计准则制定层与上市公司监管层完善公允价值准则及配套制度提供政策建议。自 20 世纪 80 年代在美国初步确立，公允价值会计受到的讨论与争议从未停止过。2007 年美国次贷危机引发的全球金融危机，将这场讨论再一次推向了风口浪尖。其中，对非活跃市场条件下公允价值估计的可靠性讨论是其重要内容之一。然而，受限于管理者自由裁量行为的难以观察性，已有的研究更多通过考察公司公允价值估计的结果对其利益相关者行为决策及其财富的影响，间接考察其可靠性（Ettredge et al.，2014；Riedl and Serafeim，2011；Song et al.，2010；McEwen et al.，2008）。近几年，部分研究开始转向公允价值在单项资产/负债估值中的管理者自由裁量问题，如操纵债务重组资产/负债价值、养老金负债、证券资产利得与损失、以及包括商誉减值、信贷损失准备在内的资产减值问题（Cannon and Bedard，2017；Bratten et al.，2013；Bushman and Williams，2012；Ramanna and Watts，2012；Dechow et al.，2010；Ramanna，2008）。与这些研究不同，本书集中于员工股权激励公允价值估计中的管理者自由裁量行为。相比其他资产/负债的公允价值估计，股权激励公允价值估计及费用化处理更可能加大管理者自由裁量的运用，尤其是当股权激励费用确认对公司财务影响较大时。更为重要的是，股权激励制度在当前中国的监管环境下所呈现出的各种"异常"行为和相关信息的披露为考察非活跃市场环境公允价值估计的过程，以及如何受管理者操控进而影响会计信息可靠性提供重要契机。

第二，将股权激励下管理者自利的机会主义行为及其动机研究延伸至股权激励公允价值估计及其费用化过程中，研究有助于进一步丰富公司治理理论，对完善我国经理股权激励制度及其监管具有重要政策意义。自 2005 年中国证监会在我国资本市场掀起股权分置改革以来，股权激励制度迅速风靡于我国资本市场，并试图通过这一制度将经理个人财富与股价捆绑在一起，进而缓解经理自利引发的代理问题（Jensen and Meckling，1976）。然而，南橘北枳的情况可能存在，在我国现行制度环境下，"西式"的股权激励制度在我国上市公司是否有助于降低代理成本备受争议。大量经验研究表明，股权激励制度诱发了经理一系列机会主义行为，包括设计有利于自身的股权激励计划（王烨等，2012；辛宇和吕长江，2012；吕长江和张海平，2011；吴育辉和吴世农，2010）、盈余管理（肖淑芳等，2013；苏冬蔚和林大庞，2010）、离职套现（曹廷求和张光利，2012）、调整股利支付（肖淑芳和喻梦颖，2012）、投资过度（李侠和沈小燕，2012）、风险承担（胡国强和盖地，2014）等。如此，股权激励估值及其费用化处理过程中是否又存在怎样的机会主义行为，其背后的动机又为何？因此带来怎样的经济后果？治理机制的抑制作用又如何？通过对这些问题进行研究，以丰富已有理论文献，对当前股权激励制度在我国的推广及其监管具有重要政策意义。

第三，基于当前我国资本市场股权激励费用对上市公司财务状况与经营成果影响越来越大的经济事实，研究股权激励估值中的管理者自由裁量及其行为后果与治理，有助于拓展应计为基础的盈余管理研究，为非活跃市场环境下公允价值估计中的盈余管理行为及其监管提供重要经验证据。随着公允价值会计的广泛使用，公允价值会计尤其是非活跃市场环境下的公允价值估计，因提供给了管理者相当的自由裁量空间，已成为管理者盈余管理的新手段（Chen and Ewelt-Knauer，2013）。从最近几年财政部对我国上市公司执行会计准则情况分析的结果看，也可以得出类似结论（王守海等，2014；王守海等，2017）。作为一项应计费用，股权激励估值及其费用化处理便是盈余管理的手段之一，并受到媒体和投资者的相当关注，尤其是当股权激励费用较高时（Cheng and Smith，2013）。更为重要的是，这种盈余管理手段更具独特性。以应计为基础的盈余管理，无论是向上还是向下，都具有应计反转（accruals-reversal）的特征，即当期实施自由裁量权去降低盈余会导致后续期间盈余的增加。与此不同，就估值模型或参数的自由裁量行为，估计的股权激励公允价值总额并不会因自由裁量而在后续进行调整，即股权激励公允价值的自由裁量并不导致费用在不同期间转移，这致使已有研究证实的向下的应计盈余管理动机（如非线性红利计划）并不适用于股权激励公允价值估计中的盈余管理问题（Aboody et al.，2006）。同时，当期股权激励费用的低估因无须未来期间的调增而提供给了管理者更低成本的盈余管理工具（Cheng and Smith，2013）。基于中国资本市场对股权激励费用强制要求确认的管制环境，本研究有助于揭示管理者在股权激励估值过程中的盈余管理行为，并为之提供经验证据。

第四，在当前公允价值会计已是大势所趋的大环境下，考察内外部重要公司治理机制与表外信息披露在缓解公允价值估计中可能的机会主义行为、提高表内确认的公允价值信息质量中的重要作用，研究在给定管理者公允价值估计自由裁量权的前提下，就如何建立促使管理者自由裁量权更为合理、有效运用以提高会计信息质量的治理机制提供理论支撑与经验证据。一方面，有关会计信息表内确认与表外披露的差异，抑或为何投资者、报表编制者与外部审计师视信息披露显著不同于信息确认，到目前理论上都没有给予很好的解释（Müller et al.，2015；Schipper，2007；Barth et al.，2003）。与考察披露信息与确认信息差异性不同，研究股权激励公允价值估计相关表外信息披露是否有助于提高表内确认管制下会计估计的信息质量（可靠性），研究有助于丰富有关会计信息确认与披露的理论文献。另一方面，在当前公允价值会计不断推广的现实环境下，如何做出有效的制度安排，以促使管理者合理、有效地运用会计准则赋予的自由裁量权改善会计信息质量至关重要。本书集中于从信息披露与公司内外部治理机制（包括经理权力与董事会治理、内部控制、外部独立审计）两方面，考察股权激励公允价值估计中管理者基于机会主义自由裁量行为的缓解机制，研究有助于拓展公允价值估计的治理理论文献。

第四节　研究内容、方法与技术路线

一、研究内容

在已有文献研究基础上，结合中国新兴市场的特殊制度背景和研究目的，本研究以"行为识别与测度→行为动机→行为后果→缓解机制"的逻辑思路，通过回答以下相互关联的系列问题构建研究内容与框架：（1）股权激励公允价值估计中的管理者自由裁量行为是否存在？具体地，现有会计准则及股权激励的相关政策文件是否提供给我国上市公司管理者在股权激励公允价值估计中进行自由裁量的空间？若存在，那么管理者是如何运用自由裁量权的？自由裁量的程度又如何？（2）如果管理者对于股权激励公允价值估计的自由裁量行为确实存在，那么，其行为动机又是什么？即管理者为何在股权激励公允价值估计中实施自由裁量？是基于自利动机的机会主义行为还是以降低信息不对称为目的的信息传递行为？（3）在管理者行为动机的差异影响下，股权激励公允价值估计中的自由裁量会对会计信息质量产生怎样的经济后果性？管理者自由裁量行为将对公允价值估计的可靠性产生怎样的影响？且这一影响是否在不同动机下存在差异？又将对公允价值信息的价值相关性有何影响？（4）在股权激励公允价值估计中，公司内外部重要治理机制是否又如何有助于缓解管理者的机会主义行为？最终能否改善公允价值信息质量？

围绕上述系列问题，全书的具体研究内容如下。

第一章，导论。首先，在分析目前的监管制度、国内外公允价值计量现状以及学术研究背景的基础上，提出研究的核心研究问题，介绍研究意义；其次，对研究的核心概念做出界定；再次，将研究问题具体化为研究目标，再将研究目标具体化为研究内容，并阐述研究思路、研究方法和技术路线；

最后，概括本书可能的创新之处。

第二章，文献回顾。采用文献研究法对相关的现有研究成果进行总结与评述，指出现有研究存在的不足以得到启示，进而提出本研究的研究方向。

第三章，理论基础。梳理文献理论，为上市公司股权激励公允价值估计中的管理者自由裁量行为在动机、后果、以及潜在治理方式提供理论基础，并阐述委托代理理论、信息不对称理论、资本资产定价理论、管理层权力理论、公司治理理论、行为科学理论等，为研究内容、研究思路、研究假设的提出提供理论支撑。

第四章，股权激励公允价值估计中管理者自由裁量行为的识别与测度。首先，立足于现有研究文献、我国会计准则及股权激励相关政策文件，分析并识别当前我国上市公司管理者在股权激励公允价值估计中存在的自由裁量空间；其次，基于现有理论文献（Aboody et al.，2006；Hodder et al.，2006），测度管理者对股权激励公允价值估计参数（预计有效期、预计波动率、预计股利与预计无风险利率）的自由裁量程度；最后，利用我国 A 股上市公司的股权激励经验数据，通过方差检验、组间差异检验等方法初步验证我国上市公司管理者股权激励公允价值估计中是否运用自由裁量，以及其自由裁量程度。

第五章，股权激励公允价值估计中管理者自由裁量的行为动机。首先，考察薪酬自利动机。拥有股权激励的管理者为了顺利行权、获取最大化股权激励收益，有动机操控估计参数与估计模型低估股权激励公允价值及因此的费用，提高会计盈余，也有动机通过选择行权模式，管理股权激励费用在各会计期间的分布，调节会计盈余；其次，为特定盈余管理目的（除薪酬自利，如避亏、降低资本成本、达到盈余预测基准等），管理者有动机充分利用股权激励公允价值估计中的自由裁量，低估股权激励费用或利用其调节会计盈余；最后，聚焦信息传递动机，研究管理者是否将其拥有的有关公司未来股利政策及未来经营与财务风险反映到参数估计中，降低公允价值估计的偏差程度。

第六章，股权激励公允价值估计中管理者自由裁量行为的经济后果。以事后的经验数据为基础，集中于采用 B-S 模型估计的股票期权公允价值估计参数选择的自由裁量行为，测度其公允价值估计的可靠性，并基于第五章的研究，从机会主义动机与信息传递动机实证考察对其可靠性的影响，以验证管理者自由裁量是否最终影响会计信息可靠性；其次，研究管理者自由裁量下的股权激励公允价值的价值相关性。基于非活跃市场环境下公允价值确认与披露的理论文献，理论分析并实证考察市场投资者是否能够识别管理者自由裁量行为，并做出相应的市场反应。

第七章，股权激励公允价值估计中管理者自由裁量行为的治理机制。重点考察在股权激励公允价值估计中，公司内外部重要治理机制是否又如何有助于缓解管理者的机会主义行为，改善信息质量？具体为：首先，聚焦经理权力治理与董事会治理（尤其是独立董事与薪酬委员会）两方面，基于第五章的研究成果，运用管理者权力理论与公司治理理论，理论分析并实证检验，公司治理结构对股权激励公允价值估计中管理者机会主义自由裁量行为的抑制作用；其次，在当前我国上市公司内部控制质量不断提升的背景下，考虑内部控制关系；随后，进一步研究作为会计信息质量保障的另一道重要防线"外部独立审计"制度安排是否有助于缓解管理者机会主义自由裁量行为；最后，研究公司治理、内部控制与独立审计在保障公允价值估计相关信息披露质量中的作用，并为之提供证据。

第八章，研究结论与政策建议。在理论和实证分析的基础上得出研究结论，同时，指出本研究的不足和未来的研究方向。

依据以上研究内容，以及文献和对科学问题的提炼，主要研究内容与逻辑框架如图1－1所示。

二、研究方法与技术路线

本书主要采用规范研究法与实证研究法相结合，并通过对股权激励公允价值估计中管理者自由裁量行为的测度和存在性识别，背后行为动机，经济后果以及潜在的治理机制进行统计、分析、归纳，得出以下研究结论。

（一）规范研究法

运用文献研究、归纳与描述法梳理国内外研究现状与股权激励制度和公允价值计量的主要理论观点，即国内外发展现状。在此基础上，首先，立足于现有研究文献、我国会计准则及股权激励相关政策文件，分析并识别当前我国上市公司管理者在股权激励公允价值估计中可能存在的自由裁量空间；其次，理论分析股权激励公允价值估计中的管理者自由裁量行为的潜在动机，从代理理论和信号传递理论两方面对比分析管理者自由裁量的差异性目的；

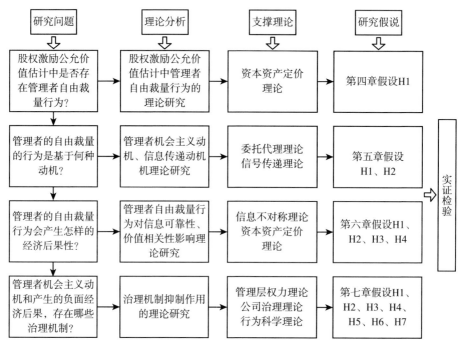

图 1-1　主要研究内容和逻辑框架

再次，从信息不对称角度切入，通过系统的演绎和分析形成股权激励公允价值估计中管理者自由裁量行为对会计信息质量经济后果的研究假设；最后，理论分析公司内外部重要治理机制是否又如何有助于缓解管理者机会主义的自由裁量行为，改善信息质量。

（二）实证研究法

选取 2006～2017 年我国沪深两市 A 股实施股权激励（股票期权）的上市公司作为研究样本，首先，实证考察股权激励公允价值估计中管理者自由裁量的存在性，在借鉴现有文献（Hodder et al.，2006；Aboody et al.，2006）的基础上，以工具变量法测度管理者基于 B-S 模型对股权激励公允价值估计所使用的估值参数（预计有效期、预计波动率、预计股利与预计无风险利率），并通过方差检验、组间差异检验等方法初步验证我国上市公司管理者股权激励公允价值估计中是否运用自由裁量，以及其自由裁量程度；其次，采用 OLS 回归模型实证分析股权激励公允价值估计中管理者自由裁量行为的动机，并运用 Heckman 两阶段法缓解内生性问题；随后，通过公允价值估计

准确性模型和价格模型对会计信息可靠性和价值相关性进行考察；最后，采
用 OLS 回归实证检验缓解管理层机会主义动机的治理机制，并以固定效应进
行稳健性测试，其中，部分研究变量（如内部控制指数、独立董事监督力）
的设计中将采用主成分分析法（PCA）等。

本书的技术路线图与具体研究方法如图 1 - 2 所示。

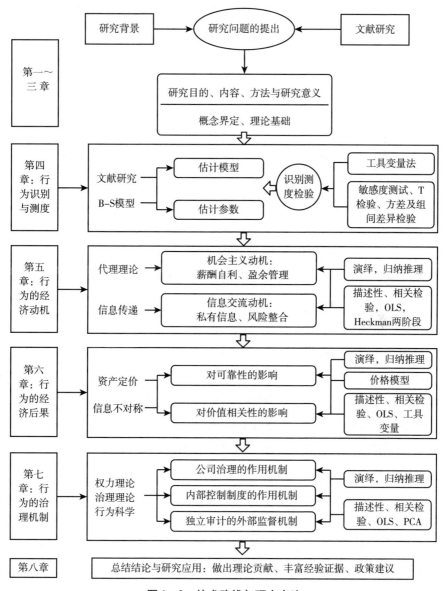

图 1 - 2 技术路线与研究方法

第五节　研究的创新之处

本书对股权激励公允价值估计中管理者自由裁量行为识别、背后动机、经济后果以及潜在的治理机制进行了探索性研究，期冀有如下创新。

第一，在选题视角上，以"股权激励公允价值估计"为逻辑出发点，在识别股权激励公允价值估计中管理者自由裁量行为的基础上，研究这些行为背后的动机、后果与缓解机制。选题视角的新颖性体现在：一方面，公允价值估计过程的难以观察性，使得现有研究更多假定相比活跃市场环境下，非活跃市场环境下的公允价值估计因更多地受到管理者自由裁量的影响而具有较低信息质量，但管理者自由裁量究竟如何影响公允价值估计过程及其因此的信息质量仍然不清楚。本书通过探究管理者在股权激励公允价值估计中的自由裁量行为，为清楚地揭示当资产或负债公允价值不存在活跃市场条件时，管理者如何影响公允价值估计过程、结果及其相关会计信息质量提供新视角。另一方面，通过研究管理者对股权激励公允价值（费用）的操纵，为股权激励高管的机会主义行为研究提供新视角。国内大量研究表明，我国当前股权激励制度诱发了管理者基于自利动机的一系列机会主义行为，包括设计有利于自身的股权激励计划、在激励计划实施中从事盈余管理、离职套现、改变股利政策、投资过度、过度风险承担等。与此不同，本研究集中于股权激励公允价值估计过程中管理者机会主义行为。此外，在公允价值会计不断推行的趋势下，相比以往"应计"为基础的盈余管理研究，以公允价值会计为基础的盈余管理研究为这一研究领域提供新的视角。相比"应计"为基础的盈余管理具有的"应计反转"（accruals-reversal）特征，股权激励公允价值估计中的盈余管理行为具有其独特性，即基于估值模型或参数自由选择所估计的公允价值总额并不会因这些自由裁量行为而在后续进行调整。

第二，在理论创新上，以公允价值为立足点，将非活跃市场下公允价值估计赋予管理者的自由裁量权嵌入理论分析中，并尝试以手工收集的股权激励公允价值估计的经验数据，构建了一个股权激励公允价值估计中管理者自由裁量行为的分析框架，这有助于揭开非活跃市场下公允价值估计赋予管理者自由裁量所形成的"黑箱"，弥补长久以来将公允价值估计和管理者自由裁量行为分裂考察的研究范式，同时，为识别、观测以及有针对性地监管我国非活跃市场下公允价值估计中的管理者自由裁量行为提供了理论依据。

第三，在研究设计与研究数据上，与以往基于《美国财务会计准则第123号——基于股份的薪酬补偿的会计处理》（SFAS 123）披露管制下直接选取一个基准值（如行业均值）测度公允价值估计参数操控的研究不同，本书对四个公允价值估计参数的基准值均采用工具变量法，通过建立预测模型，测度估计参数的自由裁量程度。这种方法的好处是能考虑预期值的多重维度，提高预测的准确性。另外，基于股权激励表外披露信息，通过手工收集的股权激励公允价值估计的经验数据，深入揭示管理者如何运用自由裁量操控非活跃市场环境下的公允价值估计。这些数据包括估值模型、假设、参数及其选择的依据、估值过程等。这些信息为系统研究其中的管理者自由裁量行为提供了重要基础，是本研究的特色之一。

| 第二章 |

文献回顾

第一节　公允价值会计运用的经济后果

公允价值会计的兴起是以"决策有用观"以及历史成本对当期会计环境的不适应为条件的（张先治和季侃，2012）。在决策有用观下，会计信息的目标为向信息使用者提供有用的信息进行决策。基于历史成本会计的会计信息，其可靠性强，但是随着物价水平波动，资产和负债的价格会发生较大变化，此时历史成本计量的会计信息无法真实反应价格，最终将影响信息使用者对企业财务状况和经营成果的判断。不仅如此，随着资本市场的不断发展，无形资产和衍生金融工具等应运而生，对企业产生越来越大的影响。与历史成本会计不同，公允价值会计是基于当前市场价格或一定的估值技术，可以更好地反映当前经济环境下资产和负债的真实价格水平，从而具有较强的相关性，以此满足信息使用者的决策需求（Barth，1994；Barth et al.，1996；Eccher et al.，1996；Nelson，1996；Carroll et al.，2003）。但是公允价值会计在引入后，却未像预期般得到一致认可。公允价值的支持者认为，公允价值具有价值相关性（Barth，1994；Venkatachalam，1996），其更符合市场需求，为信息使用者提供更具有关联性的信息。而反对者则在批判公允价值可能降低会计信息可靠性的同时，质疑其增加价值相关性的真实性（Khurana and Kim，2003；Barth et al.，2008；Liao et al.，2013）。

一、公允价值与会计信息可靠性

已有研究对公允价值可靠性的理解存在一定差异。支持公允价值的人认为，估计和假设是会计所固有的属性，并不影响其可靠性（谢诗芬，2004）；可靠性只是一个程度问题，没有任何计量属性在可靠性方面是无懈可击的（陈朝晖，2000）。而与之相对的，部分学者认为公允价值以当前价格为基础，可能需要运用市场价值参考或者估计，从而导致可靠性较低。更为重要的，在缺乏活跃市场的情况下，资产和负债的价值必须依赖主观性和可操纵性较强的估值技术，导致的可靠性难以保证（Khurana and Kim，2003；张先治和季侃，2012）。

其实，对于公允价值可靠性的差异可能是基于对于可靠性定义的理解偏差。IASB、FASB 都对可靠性进行了定义，而我国基本准则也作出了解释："企业应当以实际发生的交易或事项为依据进行会计确认、计量和报告，如实反映符合确认和计量要求的各项会计要素和其他相关信息，保证信息真实可靠，内容完整。"不难看出，可靠性的核心组成要素是：如实反映、中立性、完整性（葛家澍和占美松，2007），然而，对于不同要素的具体理解却存在一定的偏差。

就"如实反映"而言，作为"市场参与者在计量日的当前交易中，从资产中收到或因负债转移而支付的价格"的公允价值显然是反映了真实世界的经济现象（王建成和胡振国，2007）。与如实反映相一致，"中立性是如实反映的一个基本方面，因为有偏见的财务报告信息无法如实反映经济现象"（SFAS 157）。这就与历史成本会计的谨慎性原则有悖，因为谨慎性意味着财务报告存在一定的偏见。因此，相较于历史成本，公允价值更能如实反映经济现象。但是，在不同情况的市场环境下，可靠性是存在差异的。活跃市场下，以公开的市场价格为基础进行公允价值计量的资产或负债是具有可验证性的，其可通过对比市场报价与公允价值估计的金额是否一致进行验证。然而，若资产或负债所处市场并非活跃，公允价值估计需要依赖股价模型的输入信息进行估值，但由于公允价值模型尚未发展成熟或用于估计的信息难以获得（或准确度较低），公允价值估计的可靠性确实会受到影响（Barth and Landsman，2010；Laux and Leuz，2010）。

这一怀疑也得到了部分学者的证实，他们发现由于公允价值的确定（特别是在缺乏活跃市场时）过于依赖主观性和可操纵性较强的估值技术，再加上新会计准则增加了会计判断和估计（张先治和季侃，2012），这为管理者提供了较大的自由裁量权。巴斯等（Barth et al.，2008）实证研究发现，国际会计准则的采用会改变公司盈余管理程度，最终降低会计信息的可靠性。德肖等（Dechow et al.，2010）也发现，公允价值会计的应用为管理者提供了较大的操纵空间，增加盈余管理机会，影响了会计信息可靠性。我国学者也提出，公允价值为管理者提供了平滑盈余、调节利润的机会（王玉涛等，2009；叶建芳等，2009）。

二、公允价值与会计信息相关性

公允价值追求的是提高会计信息的相关性，即反映企业现时的经营状况和实际盈余成果（陈骏，2013）。自从鲍尔和布朗（Ball and Brown，1968）以及比弗（Beaver，1968）基于有效市场假说和资本资产定价理论，对资本市场与财务报表之间进行实证检验，为会计领域开启了由规范性研究向实证研究的转变。自此，以公允价值为主的价值相关性检验逐渐成为检验会计信息有用性的核心研究之一。然而，在 20 世纪 90 年代之前，各国尚未颁布有关公允价值的规范或准则，因此，早期关于公允价值的价值相关性研究主要集中于如石油、天然气储备确认会计与养老金、退休福利等有限领域（Beaver and Ryan，1985；Bublitz et al.，1985；Haw and Lustgarten，1988；Landsman，1986；Barth，1991）。直至 1991 年美国 FASB 颁布了第 107 号财务会计准则《金融工具的公允价值披露》（SFAS 107），要求所有企业披露其金融工具的公允价值（包括已在财务报表确认和未经确认的资产或负债），公允价值披露范围才逐渐扩大（刘宝莹，2014）。

但是，在学者进行大量的研究后，仍对公允价值的价值相关性和信息含量存在不同意见。一类研究结论支持公允价值具有价值相关性（Barth，1994；Petroni and Wahlen.，1995；Nelson，1996；葛家澍，2007；刘永泽和孙嚣，2011）；另一类认为公允价值信息与历史成本相比没有明显的增量解释能力（Beatty et al.，1996；Lys，1996；khurana and Kim，2003；邓传洲，2005；朱凯等，2009）。

巴斯（1994）以估值模型和收益模型检验，发现美国商业银行的投资证券公允价值具有显著的价值相关性。相似地，纳尔逊（Nelson，1996）以 200 家美国大型银行为样本，实证检验金融工具公允价值的价值相关性，研究发现证券投资的公允价值具有显著相关性，而且只有已确认的公允价值才具有增量解释力。以欧洲上市公司为样本的检验也得到了与美国样本相似的结果。黄和苏布拉马尼姆（Hung and Subramanyam，2007）以德国上市公司为样本，研究发现公允价值和股价之间具有较强的价值相关性。霍顿和塞拉菲姆（Horton and Serafeim，2010）实证检验了英国上市公司的利润调整和公允价值的价值相关性，研究发现利润调整具有显著的价值相关性。巴斯等（2008）以 21 个采用国际会计准则的国家的公司为样本，考察公允价值会计对会计信息的影响，研究发现，准则实施后，公司会计信息的价值相关性显著提升。但是，与纳尔逊的结果有别，库拉纳和金（Khurana and Kim，2003）同样以美国银行数据实证检验公允价值的价值相关性，发现金融工具的历史成本信息与公允价值信息在和股票价格的关联程度上没有明显区别，但对于信息环境不透明的样本来说，历史成本的信息含量反而大于公允价值的信息含量。我国学者以中国上市公司为研究对象，也得到了经验证据。刘永泽和孙嵩（2011）发现，在我国会计准则和国际准则趋同的背景下，公允价值在一定程度上增强了财务报告信息的价值相关性。郝玉贵等（2017）基于金融行业的实证研究，发现银行业与保险业的公允价值相关性较高，且当公司采用大数据战略时，可以显著提升第一层与第二层资产的公允价值相关性，但第三层效果不显著，刘宝莹（2014）也得到相似的发现。但是，邓传洲（2005）以我国 B 股上市公司为样本进行分析，发现以公允价值计量的投资利得或损失缺乏增量解释能力，并没有显示出明显的价值相关性。朱凯等（2009）也有相似的发现，价值相关性并未因公允价值的运用而显著提升。

三、会计信息可靠性与价值相关性的关系

如果会计数字可以反映公司的实际价值，那么会计信息就是价值相关的（Barth et al.，2001）。价值相关性对投资者决策有重大影响，现有研究多将其归于相关性的范畴。斯科特（1997）从信息经济学的视角探讨了在会计信息可靠性与相关性选择上的矛盾。对投资者来说，会计信息的可靠性和相关性同样重要，但经理人却更希望会计信息能够与其劳动相关。沃尔曼（Wallman，1996）在其提出的著名的彩色报告模式中，将会计信息的相关性列为最重要的要素，而可靠性没有前者重要。我国学者也对会计信息可靠性和相关性的关系有所研究，夏冬林（2004）认为，财务会计信息应同时满足可靠性与相关性的要求，可靠性是与生俱来的。这是由于随着资本市场的发展，相关性愈发主导，绝对的可靠不仅在技术上难以实现，也没有必要。但是，

值得注意的是，部分学者提出会计信息可靠性的保证是相关性的先决条件。葛家澍和徐跃（2006）认为，如果可靠性出现问题，不论是过失还是有意作假，其相关性必定会化为乌有。理查德森等（Richardson et al.，2005）实证研究发现，若会计信息质量存在可靠性问题，可能会导致较低的价值相关性，二者之间存在显著正相关关系。钟等（2017）发现，针对投资者对于估计信息可靠性的怀疑，管理层加大了相关信息的披露，这有助于提高公司股票价格和降低信息风险。

综上所述，不难看出，公允价值要提高会计信息的相关性，可能需要以保证会计信息的可靠性为前提（张先治和季侃，2012）。较差的会计信息可靠性会导致公允价值估计的准确性较低，从而使公允价值会计的目的偏离，即无法提高价值相关性（葛家澍和徐跃，2006；Richardson et al.，2005；Chung et al.，2017）。

四、公允价值会计在其他方面的经济后果

公允价值会计在金融危机中，因其特有的"顺周期效应"（pro-cyclicality）而饱受诟病。这一效应是指在经济繁荣时期公允价值会计制造了资产泡沫，而在经济萧条时期却加剧了资产价格的非理性下跌。因此，早期研究集中考察了"顺周期效应"存在的可能性（ECB，2004；Hodder et al.，2006）。尽管随后研究表明，公允价值会计并非金融危机的始作俑者（Amel-Zadeh and Meeks，2013；Laux and Leuz，2010；Barth and Landsman，2010；Ryan，2008；谭洪涛等，2011；苏东海和李西文，2010），但在世界范围内，公允价值会计的运用的确产生了一定的经济后果性。

在《美国财务会计准则第157号——公允价值计量》的颁布初期，各界对新准则充满期望，认为其规范内容能降低信息不对称从而提高财务报告质量，减少系统性波动（Lambert et al.，2012）。然而，随后的经验证据发现，《美国财务会计准则第157号——公允价值计量》的推出并没有显著提升会计信息质量，特别是第二、三层次的基于管理层主观估值技术的公允价值具有较低的可靠性，这种管理层和投资者间的信息不对称最终会对市场造成负面影响（Landsman，2007；Penman，2007）。较低的公允价值信息透明度，导致了股价波动甚至是崩盘风险，针对这一现象，FASB更新了准则，在

2010 年和 2011 年分别发布了基于《美国财务会计准则第 157 号——公允价值计量》的《公允价值计量的披露改进》和《实现规范公允价值计量和披露要求的修订》，以期提高信息透明度，降低股价崩盘风险。这一预期也得到了证实，徐等（2018）发现，美国上市公司的公允价值在《美国财务会计准则第 157 号——公允价值计量》更新后，确实显著降低股价崩盘风险，特别是最大限度缓解有着更多第三层次金融资产的银行业公司的公允价值信息不透明程度。但是，徐和吴（2019）以中国 2007～2011 年的上市公司为样本，考察了相较于历史成本，投资性房地产的公允价值确认与股价崩盘风险的关系，研究发现，以公允价值计量的投资性房地产增加了股价崩盘风险，这可能是由于在尚未完善的准则环境下，管理层缺乏对关于公司价值的私有信息的披露和传递所导致的。杨鹏（2019）选取 2007～2017 年我国沪深两市 A 股上市商业银行为样本，发现公允价值计量对金融创新与商业银行股价崩盘风险之间发挥了部分中介效应，进一步增加其崩盘风险。徐云等（2022）发现公允价值计量的运用影响了企业价值评估。

公允价值的运用，可以加剧金融市场的不稳定性，特别是在市场波动期间更为显著（胡奕明和刘奕均，2012；张珊珊等，2022）。这一现象可能是由于公允价值计量的特性所导致的，卡恩（Khan，2019）认为，因为公允价值在银行对于资本充分性评估中具有较高的不确定性，其运用可能为银行业带来了系统性风险。公允价值会计因拥有较高的执行成本和主观判断特性，导致了其披露私有信息的能力不足，从而造成股价虚增以及企业收益波动（Ryan，2008）。其实，早在 20 世纪末 21 世纪初，已有学者就公允价值计量与风险进行了研究，结果初步表明，系统性风险会随着信息质量的提高而降低（Barry and Brown，1985；Clarkson and Thompson，1990），特别是，公允价值计量所产生的收益波动程度远超净收益波动，从而将风险传递给市场（Hodder et al.，2006）。随后的金融危机将公允价值会计的风险特质推向风口浪尖，部分学者认为公允价值的运用是为了提供更多财务状况信息以此提高会计信息质量，然而，这不但没有增强公司对于金融危机的弹性，反而加重了危机所带来的影响（Boyer，2007）。其原因在于，公允价值因其所产生的永久性差异增加了公司未来财务状况的不确定性，造成信息风险的"顺周期效应"，最终造成危机的进一步恶化。这种信息风险特质即便在准则的颁布和多次更新后也仍然存在，里德尔和塞拉菲姆（Riedl and Serafeim，2011）以美国市场为研究样本，实证考察公允价值信息披露与融资成本的关系，研究发现由于信息不透明和较高的系统性风险，第三层次公允价值信息并没有为市场参与者提供可靠的决策依据，并因此导致较高的融资成本。阿里·亚辛和阿里·哈达拉（Al-Yaseen and Al-Khadash，2011）以欧洲国家为研究样本，发现了相似的结论，即相较于历史成本，公允价值的运用产生了更多的盈余波动，换言之，提供了增量的信息风险。但是，巴斯和兰兹曼（Barth and Landsman，2018）却有不同的看法，他们认为，虽然学者批判公允价值计量对公司盈余的冲击过于实时、直接，与传统会计不同，不会对盈余产生永久性作用，然而他们忽略了公司运用公允价值计量时所嵌入的信息，这类信息既包括能够体现资产的预期回报情况，也包括对未来现金流和风险的预期。

此外，公允价值会计的运用也影响了分析师的盈余预测。马格南等（Magnan et al.，2015）考察了美国银行业上市公司的公允价值计量运用对分析师预测能力的影响，研究发现，第二层次的公允价值信息提高了分析师预测准确性，但是第三层次的信息却有相反效果，总体来看，公允价值计量降低了分析师预测准确度，这一结论也得到了部分学者支持（Campbell et al.，2015；Li，2010；Barron et al.，2016）。然而，也有学者得到了不同的经验证据。埃尔斯等（Ayres et al.，2017）以美国上市公司为样本，研究公允价值会计对分析师行为的影响，结果发现，公允价值会计运用程度越高，分析师盈余预测的准确程度越高，但是这种显著性关系主要集中在第一、二层次的公允价值信息中。对于公允价值计量与企业债务融资风险的关系，目前没有得到一致结论。部分学者认为，金融资产的公允价值计量模式会导致企业债务融资风险上升（曾雪云和徐经长，2013），但也有发现支持金融资产的公允价值处理有利于提高债务融资规模，能够降低企业的债务融资风险（周玮和徐玉德，2014；周宏等，2019）。

第二节　公允价值估计中的管理者自由裁量行为

在公允价值会计在世界范围内广泛推行的大背景下，其是否提高了会计信息质量受到越来越多的争议，尤其是在最近的金融危机下。公允价值会计的支持者认为，公允价值信息提高了会计信息的相关性，因为资产和负债反映了市场预期的最新变化（Barth，1994；Barth et al.，1996；Eccher et al.，1996；Nelson，1996；Petroni and Wahlen，1995；Carroll et al.，2003；Barth，2006）；然而，批评者则认为，这种相关性的提高是以可靠性为代价，因为公允价值会计过于依赖管理者的判断（Khurana and Kim，2003；ABA，2009，2010；Johnson，2008）。基于美国金融机构的早期经验研究表明，公允价值会计的运用提高了会计信息的相关性，但这种相关性很多程度受到资产或负债公允价值估计的可靠性影响（Hann et al.，2007；Park et al.，1999；Barth et al.，1996；Barth，1994）。相比存在活跃市场条件的资产或负债计价，当相关资产或负债不存在活跃市场条件时，其公允价值估计主要依赖于不可观察的输入值，这很大程度上受到管理者自由裁量的影响，并因此导致更多盈余操纵，影响会计信息质量（Barth and Landsman，2010；Laux and Leuz，2009）。例如，股票期权一类的衍生金融工具的会计计量为管理者提供了操纵的可能性，因为缺乏活跃交易市场的衍生工具在公允价值计量时需通过估值技术进行定价，然而，这往往在很大程度上依赖于管理者的自主判断（郭飞等，2017）。

一、公允价值估计中管理者自由裁量的可能性

多年来，为了提高公允价值估计的透明度，美国的通用会计准则（Generally Accepted Accounting Principles，GAAP）已经逐步要求企业在进行资产或负债的会计处理时使用更多的公允价值计量。然而，因缺乏一致的定义和具有指导意义的参考指南，公允价值计量所产生的一系列问题一直无法得到有效改善。在各界对公允价值运用的质疑声下，美国财务会计准则委员会（Finaincial Accounting Standard Board，FASB）将如何提高公允价值运用的有效性提上日程。2006 年 9 月，FASB 发布的《美国财务会计准则第 157 号——公允价值计量》准则，开始要求公司自 2007 年 11 月 15 日的下一个财政年度，提供了公允价值应用的清晰框架，以期有效改进公允价值计量和披露，从而进一步提升会计信息质量。尽管 FASB 认为在存在活跃市场的环境下，公允价值信息是具有相关性的，但是，由于一定程度的管理层主观判断性和计量误差，公允价值在缺乏活跃市场提供可观察价格时是不可靠的。

因此，FASB 要求企业必须在资产负债表中根据输入值的不同，划分三个层次报告公允价值，即 Level Ⅰ、Level Ⅱ和 Level Ⅲ公允价值信息，其中 Level Ⅰ公允价值输入值为相同资产或负债在活跃市场的报价，具有最高可靠性，而后两个层次的公允价值输入值更多为非活跃市场环境下的报价，且经一定调整，尤其是 Level Ⅲ公允价值信息则完全依赖于不可观察的输入值。数据的可获得，使得近些年部分学者开始考察公允价值三个层次信息的价值相关性差异，以间接验证投资者对不同层次公允价值信息可靠程度的感知。科列夫（Kolev，2008）的经验研究证实，股票价格与三个层次公允价值信息显著相关，但 Mark-to-model（Level Ⅱ & Ⅲ）的估计均低于 Mark-to-market 公允价值（Level Ⅰ）的估计系数，且这些差异仅对 Level Ⅲ显著。吴等（2015）也观察到了这种显著差异。使用银行上市公司的季度报告，宋等（2010）发现，三个层次度量的公允价值都价值相关，但相比于其他两个层次，Level Ⅲ的价值相关性更低。里德尔和塞拉菲姆（2011）研究则发现，Level Ⅲ公允价值信息相比 Level Ⅰ和 Level Ⅱ包含了更高的信息风险，并导致更高的资本成本。不仅如此，阿罗拉等（Arora et al.，2014）为不同层次公允价值信息的价值相关性差异提供了来自信贷市场的经验证据。很多学者认为，除了 SFAS 157强制要求披露的公允价值信息外，其他相关信息的披露也对信息使用者有一定帮助。例如，瑞恩（Ryan，2008）指出，在财务报告中增加对于 Level Ⅲ层次估计参数输入值等的解释和/或评价，有助于信息投资者理解管理层的意图，提高对公司价值的认识。类似地，劳克斯和乐兹（Laux and Leuz，2009）认为，研究公允价值披露的影响因素，以及公允价值信息使用者对披露的反应会更有意义。

考虑到参考价格在资产或负债间的可观测程度差异，我国也对公允价值层次进行划分。2014 年 7 月 1 日实施的《企业会计准则第 39 号——公允价值计量》（CAS 39），要求上市公司强制分层披露公允价值信息。在《企业会计准则第 39 号——公允价值计量》实施后，学者开始对我国公允价值分层次计量的经济后果进行研究。白默和刘志远（2011）发现，以第一层次计量确定的公允价值所占盈余比重与其对股价的相关性为正。毛志宏等（2014）也得到了公允价值分层披露能够增加公司特质信息，提升股价值相关性的结论。田峰和杨瑞平（2019）以中国资本市场 A 股上市公司为样本对 Level Ⅲ

公允价值信息计量与相关性进行考察，也得到了相似的结果，即 Level Ⅲ 公允价值计量能够显著提高公允价值相关性，特别是当运用市场法、收益法作为计量方法时更为明显。公允价值分层信息不仅反映了价值相关性，还可以在一定程度上缓解公允价值计量属性可靠性不足的问题（邓永勤和康丽丽，2015）。毛志宏等（2015）对公允价值分层信息是否改变信息不对称进行了考察，他们发现，第一、二层次的公允价值信息能够缓解信息不对称、可靠性较高，但第三层次的披露反而增加信息不对称。王雷和李冰心（2018）考察了投资者对分层公允价值信息的反映，结果发现，公允价值分层披露后，累计异常报酬率显著增加，同时提升了资产的价值相关性，但对于负债并不明显，其中，投资者对于前两层次的公允价值更为信任，而对于第三层次并不敏感。

二、公允价值估计中管理者自由裁量的动机与手段

最近的研究表明，公允价值会计的运用已成为管理者盈余管理的重要内容与新手段，尤其是对非活跃市场环境下的公允价值。公允价值因其不确定性及复杂性，大量的主观判断为管理层进行盈余管理提供了空间（Sodan，2015）。管理层可能利用公允价值计量会计政策的选择权（Dietrich et al.，2000；叶建芳等，2009）、公允价值变动（Beatty and Weber，2006；Dechow et al.，2010）等方式进行盈余管理。例如，作为公允价值会计在银行业的主要运用之一信贷损失准备，它反映了管理者当前对不可收回贷款的估计。由于这些估计仅仅当借款人在未来无法偿付这些贷款时才能实现，这使得信贷损失准备的计提主要依赖于管理者判断。研究表明，银行业管理者有自利动机利用计提贷款损失准备中的自由裁量进行盈余管理，并最终降低了会计信息质量（Bratten et al.，2013；Bushman and Williams，2012）。这可能是由于以公允价值计量的投资性金融资产对银行权益价值具有一定的解释能力，公允价值与历史成本的差值越大，公司股价和累计异常收益率越高（Park et al.，1999）。迪特里希等（Dietrich et al.，2000）以英国投资性房地产为研究样本，发现这为管理层机会主义动机赋予了可能性，管理层可以通过对投资性房地产的价值重估平滑收益形成盈余管理，并以此调整净资产金额从而降低债务融资成本。公司会通过改变有价证券等资产的出售方式或交易性金融资

产、可供出售金融资产的出售时间点，来操纵公司盈余（Herrmann et al.，2006）。在新准则（《企业会计准则第22号——金融工具确认和计量》）要求金融资产必须以公允价值计量后。胡奕明等（2017）以2002~2014年我国A股上市公司为样本，考察金融资产配置与宏观经济周期的变动关系，研究发现企业金融资产配置主要是为了利润调节，可能会阻碍实体经济发展。作为非活跃市场环境下公允价值估计的另一项运用——商誉减值，研究也得出类似结论。由于商誉公允价值是管理者未来行动的函数，难以证实与审计，这使得管理者在估计商誉公允价值以决定是否计提减值及减值金额时拥有相当的自由裁量权。拉曼纳和沃茨（Ramanna and Watts，2012）和拉曼纳（Ramanna，2008）研究证实，管理者在商誉减值中机会主义运用自由裁量，以操控会计盈余，增加薪酬收入。管理者运用公允价值估计中自由裁量从事盈余管理行为也被发现在证券投资的利得与损失确认中（Dechow et al.，2010）。林等（2017）考察了公司财务重塑和分层次公允价值信息的关系，研究发现，公司第三层次公允价值资产越高，企业发生财务重述的可能性就越高，这可能是由于公允价值估计中的误差或管理层操纵造成的。李超颖等（2018）以我国A股上市公司为样本，细致考察管理层通过公允价值计量进行盈余管理的动因、手段以及后果，他们发现，融资需求、业绩压力与制度环境是管理层进行盈余管理的主要动因，管理层通过逐步释放可出售金融资产处置形成的"隐藏利润"以此缓解业绩下滑导致的利润损失，从而改善公司融资环境和保障个人薪酬。

此外，在《美国财务会计准则第157号——公允价值计量》要求划分层次报告公允价值后，大量研究也考察了分层计量与盈余管理的关系。现有经验证据普遍证实，相较于第一层次，第二、三层次的公允价值的估值过程更可能存在操纵行为，其可靠性和相关性也更值得怀疑（Song et al.，2010；邓永勤和康丽丽，2015；Badia et al.，2017）。例如，陈和埃尔瓦特·诺尔（Chen and Ewelt-Knauer，2013）发现，经公允价值调整的修正琼斯模型（fair value adjusted modified Jones model）相比修正琼斯模型（modified Jones model）具有显著更强的解释力，研究证实了Level Ⅲ公允价值估计中显著的盈余管理行为。毛志宏和徐畅（2018）考察了金融资产公允价值计量与盈余管理的关系，研究发现，以第二、三层次公允价值计量的金融资产，因依赖于管理层主观判断，其公允价值估值被操纵的程度更大。但是，阿尔塔穆罗和张（Altamuro and Zhang，2013）比较了以第二层次与第三层次公允价值计量的按揭证券服务权对现金流和风险特征的反映差异情况，结果发现，基于第三层次参数估计的按揭证券服务权与未来服务费的持续性更为正相关，他们认为，尽管非活跃市场下管理者存在一定的自由裁量空间，但由于管理者的信息优势，管理者估计的公允价值反而比基于市场参考值的估计质量更高。

三、公允价值估计中管理者自由裁量的经济后果

非活跃市场环境下公允价值估计的不确定性与主观性，也被证实大大增加了审计师的审计困难（Griffith，2019；Cannon and Bedard，2017；Martin et al.，2006），提高了审计收费（Ettredge et al.，2014；Goncharov et al.，2014；Mohrmann et al.，2013），降低了分析师预测准确性（Barron et al.，2016；Magnan et al.，2015；Campbell et al.，2015；Li，2010）等。这是由于非活跃市场下的公允价值估计主要依赖计量主体的估计和推测，这种不确定性和虚拟性直接导致了公允价值计量结果的不可验证（谭洪涛等，2011），而审计鉴证功能甚至是分析师预测能力的发挥均需要建立在会计信息可验证性的逻辑基础之上，因此，非活跃市场下的公允价值计量导致了这一"悖论"的产生（许新霞，2011；Magnan et al.，2015）。我国学者基于中国资本市场数据，也得到了类似的证据。例如，蔡利等（2018）发现，采用公允价值计量的公司，更倾向运用真实盈余管理，增加审计难度，因而导致审计费用增加。黄冰等（2017）也发现这一现象，公允价值计量增加了审计收费，特别是非活跃市场下采用 Level Ⅱ 和 Level Ⅲ 层次的资产更为显著。但是也有学者发现，非活跃市场下的公允价值计量降低了审计质量，并且当所处环境具有较高不确定性时，审计质量的削弱更为明显（杨书怀，2018）。毛志宏和徐畅（2017）发现，第一、二层次公允价值计量信息能够在一定程度降低分析师的盈余预测偏差，但是缺乏活跃市场的第三层次信息却无此效果。这些研究表明，相比存在活跃市场环境下的公允价值信息，非活跃市场环境下公允价值估计因更多受到管理者自由裁量的影响，加大了利益相关者对信息风险的感知与信息处理成本，并导致了真实的经济后果。

第三节　股权激励公允价值估计中的
管理者自由裁量行为

公允价值会计研究文献表明，公允价值估计中的管理者自由裁量行为导致了真实经济后果，但实践中，管理者究竟如何运用自由裁量操控公允价值估计，又是怎样影响公允价值信息的可靠性，仍然不清楚。作为非活跃市场环境下公允价值会计的另一项运用——员工股权激励，为揭开这一"黑箱"提供了重要研究条件。不同于商誉、贷款损失准备等公允价值估计问题，股权激励公司被要求在表外（报表附注）披露公允价值估计所使用的估值模型（如 Black-Scholes 模型），以及具体各项参数，这为外界观察管理者如何估计股权激励公允价值打开了一扇"窗户"。事实上，立足于美国资本市场研究的西方学者近些年已经开始关注这一问题，但主要以《美国财务会计准则第123 号——基于股份的薪酬补偿的会计处理》披露管制环境下的员工股票期权公允价值估计为制度背景。

一、股权激励公允价值估计中管理者自由裁量的可能性

现代意义的员工股权激励制度正式形成于 20 世纪七八十年代，到 20 世纪末广泛运用于欧美资本市场，尤其是经理股票期权（employee stock options，ESO），这除了与激励经理、节省薪酬现金流有关，很大程度受到股权激励不用确认薪酬费用的影响（Espahbodi et al.，2002）。当时，员工股权激励薪酬主要根据会计原则委员会（FASB 的前身）第 25 号意见提出的内在价值法（intrinsic value method）[①] 进行会计处理，即员工股权激励薪酬费用为授予日股票价格与员工获得这些股票必须支付的价格的差额。由于多数公司为了避免股权激励费用，往往将股权激励（股票期权）的授予价格设定等于授予日的股票价格，因此这个期间股权激励费用一般为 0（Aboody et al.，2006）。

[①]　内在价值法是当前企业股权激励所常用的估值方法之一，特别是在限制性股票中的运用。内在价值是指股票的市价与行权价格的差额，其特点是运算简单，但从另一角度来看，内在价值法常常被质疑无法真实地反应股票期权的成本，并且在实践中难以适应复杂的期权或衍生金融工具的应用。

随着股权激励的广泛推行，会计职业团体与金融界越来越关心股权激励会计处理问题。1992 年，美国证券交易委员会（United States Securities and Exchange Commission，SEC）开始要求公司增加前五大高管薪酬的信息披露，其中包括授予日股票期权的价值。但是，公司可以自由选择披露期权的潜在可变现价值（potential realizable value），还是期权定价模型（如 Black-Scholes 模型、二叉树模型）估计的股权激励公允价值，且不被强制要求披露期权定价模型的输入参数。FASB 也于 1993 年发布了"股票薪酬的会计处理"的征询意见稿（ED），要求公司基于授予日的公允价值，在财务报表中确认员工股权激励薪酬费用，但受到公司管理者的强烈反对。最终，FASB 于 1995 年 10 月，正式发布《美国财务会计准则第 123 号——基于股份的薪酬补偿的会计处理》（SFAS 123），其鼓励但不强制要求公司基于公允价值方法确认股票薪酬费用。即在 SFAS 123 管制下，公司仍可以自由选择采用 SFAS 123 还是 APB 25，且仍然不需要将股票期权费用计入利润表，但采用 SFAS 123 的公司则被要求在报表附注中披露股票期权公允价值估计信息，包括股票期权授予的数量、行权期、估计股票期权公允价值的参数（包括预计期权寿命、预计股价波动率、预计股利支付率、无风险利率等），以及股票期权费用对备考盈余（pro forma earnings）的影响。这一方面，使得几乎所有授予股票期权的公司为避免薪酬费用，而选择内在价值法；另一方面，由于估计股权激励公允价值的参数，过多依赖于未来的预期，因此 SFAS 123 创造了相关的自由裁量空间给管理者去操控股票期权公允价值估计及期权费用，尽管这些费用最终并不影响当期报表损益（Aboody et al.，2006）。

二、股权激励公允价值估计中管理者自由裁量的动机与手段

在 SFAS 123 的披露管制下，利用部分公司披露的股权激励股票期权公允价值估计信息，研究者开始考察股票期权公允价值估计中可能的机会主义行为。早期的研究首先为股权激励中股票期权公允价值表外信息披露对股价影响提供了经验证据，并表明管理者有激励去操控股权激励公允价值估计的信息披露（Aboody et al.，2004；Robinson and Burton，2004；Espahbodi et al.，2002；Aboody，1996）。另一部分研究集中考察了，管理者如何运用自由裁量操控股票期权公允价值估计的参数。例如，墨菲（Murphy，1996）研究发

现，管理者机会主义地选择报告股票期权公允价值还是潜在的可变现价值，以降低股权激励费用。伊尔麦克（Yermack，1998）则发现，管理者通过缩短预计期权寿命，显著低估期权公允价值。鲍尔萨姆等（Balsam et al.，2003）调查了 SFAS 123 实施的第一年（1996 年），股权激励的脚注披露是否被管理。他们没有找到操控期权公允价值的显著证据，但发现 CEO 业绩薪酬的水平显著影响这些价值如何在不同会计期间分配。

随后，阿布迪等（Aboody et al.，2006）利用 1996~2001 年美国资本市场数据，研究发现，预计期权寿命和预计估计股价波动率是管理者操控期权公允价值的主要对象，研究整体支持了管理者自由裁量对期权费用可靠性的负向影响。他们也发现，股票期权低估程度与经理股票期权薪酬费用和过度支付水平显著正相关，并且强的公司治理结构有助于缓解管理者这一机会主义行为。霍德等（Hodder et al.，2006）使用 1995~1998 年标普 1500 家公司的股权激励股票期权数据发现，管理者在决定股票期权估值模型参数（包括预计期权寿命、预计股价波动率、预计股利支付率和无风险利率）时实施了相当的自由裁量权，低估股票期权公允价值；但是，他们仅找到了管理者机会主义激励与员工股票期权公允价值相关自由裁量的弱相关关系。巴托夫等（Bartov et al.，2007）考察了预计股价波动率的自由裁量，利用 1996~2004 年的美国资本数据，他们发现，仅仅当实施自由裁量导致更低预计波动率时，公司才使用向前看的度量，如暗含波动率，去操控股票期权公允价值。约翰斯顿（Johnston，2006）研究了 2001~2002 年自愿确认股权激励费用的 43 家美国上市公司，发现自愿确认股票期权费用的公司向下管理了股权激励股票期权的公允价值，相比仅仅披露股权激励费用的公司；进一步研究发现，相比仅仅披露的公司，自愿确认股权激励费用的管理者主要通过假设更低的预计股价波动率低估股票期权公允价值，研究没有找到操纵预计股利支付率与无风险利率的证据。尽管就管理者操控股权激励公允价值估计参数间存在不一致的结论，但这些研究表明，在美国证券交易委员会（1992）与 SFAS 123 强制表外披露（不予表内确认）的管制环境下，管理者在股权激励公允价值估计中实施了相当的自由裁量权，并导致了股权激励费用的显著低估，影响了会计信息的可靠性。

为了更加真实地反映股权激励对公司财务状况与经营成果的影响，2004

年12月，FASB发布了修订版的SFAS 123号准则，即修订版的《美国财务会计准则第123号——基于股份的薪酬补偿的会计处理》（SFAS 123R），开始强制要求公司运用期权定价模型估计ESO公允价值，并在损益表中确认股权激励费用。已有研究显示，预期到股权激励费用对公司损益的影响，管理者采取真实行动去降低股权激励费用，包括对股票期权加速行权（Hegemann and Ismailescu，2017；Balsam et al.，2008）、采用限制性股票激励替代股票期权激励（Skantz，2012；Brown and Lee，2011；Carter et al.，2007）。SFAS 123R对股权激励费用的强制确认要求，也影响了分析师的盈余预测（Wieland et al.，2013；Barth et al.，2012）。这些研究表明，股权激励费用从表外披露向表内确认的转变，可能进一步加大管理者机会主义地操控股权激励公允价值估计的激励，因为股权激励费用大小直接影响公司当期损益与管理者业绩为基础的薪酬收入。在SFAS 123R确认管制下，少量研究开始考察股权激励公允价值估计中的管理者自由裁量行为，但得出不一致的结论。肖德哈瑞（Choudhary，2011）利用美国Equilar数据库2001~2007年数据调查了股权激励公允价值估计的真实性在确认与披露管制环境下的差异性。研究发现，相比SFAS 123披露管制环境下，在SFAS 123R确认管制环境下的公司管理者通过操控预计股价波动率显著更多地低估股票期权公允价值，但并未因此降低估计的准确性；布拉滕等（Bratten et al.，2016）通过对2005~2007年变更股权激励中股票期权估计模型的样本公司考察发现，从选择采用B-S模型变更为Lattice模型的公司管理者主要是为了低估股权激励费用而非是纠正估计中可能的偏差。陈等（2014）研究认为，由于SFAS 123R可能加大管理者操控B-S假设的激励，并因此导致更高的公司信贷风险。然而，程和史密斯（Cheng and Smith，2013）利用2003~2007年的240家美国上市公司研究却发现，在SFAS 123R确认管制环境下，有着更多股票期权授予的公司显著低估股票期权公允价值，但有着更低未来经营风险的公司股票期权公允价值估计准确性显著更高，研究认为，管理者运用股票期权公允价值估计中的自由裁量去向市场传递有关公司未来风险的积极信号。与这些实证研究不同，霍奇等（Hodge et al.，2009）通过一项实验研究则发现，管理者普遍高估股权激励公允价值。

三、国内股权激励与管理者机会主义行为的研究

在国内，较少的研究直接考察公允价值估计中的管理者自由裁量行为，但伴随着我国会计准则的国际趋同与公允价值会计的逐步推行，公允价值估计中的管理者机会主义行为（主要集中于盈余管理行为）已初见端倪，并受到学者的相当关注。在规范研究方面，例如，沈烈和张西萍（2007）讨论了新会计准则与盈余管理的关系，并认为，随着公允价值运用面的拓展，客观上增加了企业管理层有意识地借助公允价值新的运用领域进行盈余管理的可能性。随后，张奇峰等（2011）、邹燕等（2013）分别通过案例，研究了公允价值计量在投资性房地产中的运用，并认为管理者存在通过对投资性房地产采用公允价值计量进行盈余管理的机会主义行为。针对目前我国会计准则对非活跃市场环境下公允价值计量没有提供可操作性的指导，王守海等（2012）试图将内部风险计量和评价技术与公允价值计量协调起来，建立公允价值计量整体框架，并构建公允价值计量可靠性保障机制，以期为非活跃市场环境下公允价值计量提供具体指导。王守海等（2014）探讨了非活跃市场条件下管理层如何估计公允价值以及审计师应该采取哪些相应的审计程序。在经验研究方面，如戴德明等（2005）学者较早考察了管理者在计提资产减值中的盈余管理行为；毛新述和戴德明（2008）研究认为，强化稳健性原则和限制公允价值的运用显著降低了公司高估盈余的水平，而弱化稳健性原则和扩大公允价值的运用，则导致了公司盈余管理水平的显著提高；叶建芳等（2009）考察了管理者在金融资划分与处置中的盈余管理行为；刘志远和白默（2010）研究证实，在公允价值计量模式下，管理者如何利用股票投资的会计政策选择（是否划分为交易性金融资产）从事盈余管理，以实现特定目的；何等（He et al.，2012）研究发现，在当前中国制度环境下，公允价值会计在金融资产与债务重组中的运用导致管理者更多的盈余管理行为；刘行健和刘昭（2014）研究发现，当前我国上市公司普遍采用公允价值进行盈余管理，且内部控制缺陷对公允价值和盈余管理的关系产生影响。这些研究初步表明，在我国资本市场管理者存在运用公允价值会计从事盈余管理的机会主义行为。

与此同时，自2005年底我国证监会发布《上市公司股权激励管理办法

（试行）》以来，越来越多的上市公司实施了股权激励计划。根据国泰君安数据库的统计，截至 2019 年 12 月 31 日，我国 A 股市场已有 1496 家上市公司推出了股权激励草案，其中绝大部分为股票期权和限制性股票。然而，致力于降低经理代理成本的股权激励制度在我国却饱受争议。国内已有的大量研究表明，我国当前股权激励制度诱发了管理者自利动机的一系列机会主义行为，包括设计有利于自身的股权激励计划（王烨等，2012；辛宇和吕长江，2012；吕长江等，2011；吴育辉和吴世农，2010；吕长江等，2009），在实施中进行盈余管理（肖淑芳等，2013；林大庞和苏冬蔚，2011；苏冬蔚和林大庞，2010）、离职套现（曹廷求和张光利，2012）、调整股利支付（肖淑芳和喻梦颖，2012；吕长江和张海平，2012）、投资过度（李侠和沈小燕，2012）、风险承担（胡国强和盖地，2014）等。

但是，较少研究考察股权激励公允价值估计中的机会主义行为。早期部分研究针对股票期权估值及其会计处理问题做了有益的探讨（谢德仁和刘文，2002；方慧，2003；李曜，2006；谢德仁，2010）。与本书较为接近的国内文献是吕长江和巩娜（2009）的研究。他们通过伊利股份的案例分析认为，伊利公司的高管很有可能通过调整股权激励费用的摊销年限进行盈余管理，具体地，伊利高管在 2007 年将 75% 的股份激励费用全部进行确认，使得公司在熊市当中巨亏，而减轻公司未来的费用负担，为将来高管在牛市或者未来行权获利做准备。财政部会计司课题组（2011）对我国上市公司年报的统计发现，采用股票期权作为股份支付的上市公司在使用期权定价模型对股票期权进行定价时，大多数公司对模型的选择依据和具体参数没有充分说明，主观因素对公允价值的影响较大。平静和陈朝晖（2014）随机选取了 2013 年深市主板、中小板和创业板共计 30 家推出股票期权激励计划的公司进行分析发现，尽管 30 家公司均披露了股票期权公允价值的最终结果，但仅有 15 家披露了股票期权公允价值的计算参数，且在确定无风险利率、预计股价波动率等参数上存在非常大的差异，因此，给上市公司进行盈余管理带来了空间。这些初步证据表明，股权激励公允价值估计及其费用摊销可能已成为我国上市公司管理者盈余管理的重要内容或手段，尤其是在当前股权激励费用对公司盈余的影响逐步凸显的现实背景下。

第四节　文献述评

通过对有关公允价值估计研究文献的回顾和梳理，发现现有研究有如下几点发展趋势及不足。

第一，伴随着公允价值在各国的逐步推广，公允价值会计运用的经济效应研究受到越来越多研究的关注。国外已有的研究发现，公允价值估计中的管理者自由裁量行为因提高了利益相关者感知的信息风险而导致了真实的经济后果，尤其是对非活跃市场环境下的公允价值估计问题，如降低了信息价值相关性、加大了审计困难、提高了审计收费、降低了分析师预测准确性。但是，管理者如何在公允价值估计中运用自由裁量，以及这些自由裁量行为又是如何影响会计信息质量仍然不清楚。因此，系统考察我国上市公司管理者在股权激励公允价值估计中如何使用自由裁量操控估值模型及参数十分必要，这有助于揭开公允价值估计中的管理者自由裁量的"黑箱"，及其对会计信息质量的内在影响关系，从而拓展公允价值会计文献。

第二，近些年国外部分学者考察了，股权激励公允价值估计中的管理者自由裁量行为及其自利动机，但这些研究主要基于美国 SFAS 123 披露管制环境。与此不同，我国资本市场自 2006 年推出真正意义的股权激励制度，监管层就开始要求上市公司在损益表中确认股权激励费用。由于认知偏差、信息处理成本与信息可靠性的差异，会计表内确认信息与表外披露信息产生显著不同的经济后果。在近些年美国 SFAS 123R 确认管制下，管理者通过采取包括加速行权、减少股票期权薪酬等真实行动降低股权激励费用可初步得到印证。此外，少量的文献考察了 SFAS 123 向 SFAS 123R 过渡中，管理者如何操控股权激励公允价值估计的参数，但得出不一致的结论，且多集中于对个体参数的考察，缺乏从整体角度对检验股权激励公允价值估计的准确程度。进一步地，在确认管制环境下，额外的与确认相关的表外信息披露是否影响确认信息可靠性的研究也较鲜见。此外，现有国外研究并未进一步考察这些行为的经济后果以及公司内部外监管机制在这些行为中的治理作用。因此，立足我国股权激励费用确认的管制环境，系统考察股权激励公允价值估计中的管理者自由裁量行为，并从动机、经济后果与治理三个维度对其展开考察，可能有助于深入揭示这些行为的前因后果及可能的缓解机制，这对如何有效的运用公允价值估计，提升会计信息质量有重要意义。

第三，从国内学者的研究动态来看，由于公允价值会计在我国较为广泛运用的时间还不长，公允价值估计中的管理者自由裁量行为的相关研究还较少，尤其是股权激励公允价值估计问题。但是，近些年少量研究已经展开了有意义的探索研究，并认为，公允价值估计可能已成为我国上市公司管理者盈余管理重要内容与新手段。更为重要的是，相比西方发达资本市场，由于我国法律制度不完善，会计职业界和企业界的业务素质、专业能力不高、社会中介又难以实施有效监督，因此，在实际执行中使得公允价值极不公允（王建新，2005），管理者财务报告动机更多受到会计缔约作用而非是信息作用的影响（He et al.，2012）。在这样一种制度环境下，管理者这种盈余管理动机可能更为强烈。基于股权激励费用对我国上市公司经营成果影响逐渐扩大这一经济事实，揭示管理者股权激励公允价值估计中可能的动机（特别是机会主义动机），对保证股权激励制度的有效性和公允价值的决策有用性具有重要意义。

| 第三章 |

理论基础

第一节　委托代理理论

委托代理关系的产生是由社会经济发展的客观需求和条件所决定的，是伴随着现代公司制度的所有权和控制权的逐步分离而产生的。委托代理理论是在 20 世纪 60 年代末 70 年代初，由一些不满企业"黑箱"[①] 理论的经济学家最初提出，他们通过对企业内部信息不对称所产生的代理问题和相对应激励措施的探讨将这一理论进行发展，这也是契约理论最重要的发展之一。而委托代理理论的核心任务则是研究在信息不对称和利益冲突的环境下，委托人如何设计最优契约对代理人进行激励，以此缓解代理冲突（Sappington，1991）。

詹森和梅克林（Jensen and Meckling，1976）将委托代理关系定义为一种契约关系，存在于任何包含有两个或两个以上的组织合作关系中。如果委托代理双方都追求个人效应最大化，那么代理人将不会总以委托人的利益最大化而行动。这一经典理论，解释了代理冲突下经理行为扭曲的原因，其提出，股东分享了经理努力经营的成果，却让经理独自承担风险和失败的成本，这势必将导致经理决策与股东利益最大化目标的偏离。经理可能基于自身利益需求，有激励动机去投资那些有利于自身利益却无法为股东带来价值的项目，从而降低企业价值。此外，詹森（Jensen，1986）进一步对经理和股东间的代理问题进行解释，他认为对于有着大量现金流的企业，经理为了获取更多私人利益，往往通过过度投资，增加公司投资规模，以此构建"企业帝国"。

---

① 企业"黑箱理论"问题源于学界对新古典经济学的生产理论的批评，其实质是企业理论对企业内部组织方式、生产行为的解释力问题。"黑箱理论"把企业当作一个具有利润最大化倾向的个体，将内部的一切要素的投入都作为追求利润最大化的行为。而这种关系过于简单，无法解释现代企业的很多行为，也难以全面地理解企业这种经济组织。

这有助于经理攫取企业资源，获得更多的薪酬收入和在职消费，同时提升个人声誉。

委托代理理论认为，究其根本，现代企业下的代理成本是伴随着现代公司制度的所有权和控制权的逐步分离而产生的，即经理不是企业的完全所有者。当存在这一情况时，经理将难以拥有饱满的积极性，企业的价值将不同于他是完全所有者时的价值，这二者之差即为"代理成本"，具体包括约束成本（bonding cost）、监督成本（monitoring cost）以及剩余损失（residual loss）。

针对委托代理关系所产生的管理者与股东之间的利益冲突，主要有两种解决思路：一是激励约束制度，即将资本收益与经营者劳动收益有机结合在一起，使股东和管理经营者达到利益双赢，从而实现公司价值最大化，这有助于降低代理成本，抑制代理冲突；二是旨在消除代理问题的根源，即让管理者成为股东，公司利益则代表其个人利益。股权激励制度则是源于这一思路，代理成本将随着管理者拥有所有权比例的增加而降低，当拥有企业100%的所有权时，即管理者为企业的所有者时，理性管理者可以做出最优的经营投资决策，使自身效用和企业价值统一且最大化，此时，代理问题不复存在。然而，当管理者拥有一定比例股权，却无法彻底消除代理成本时，管理者依旧存在道德风险的可能性，甚至利用股权激励制度实现自利行为。因此，如何协调管理者和股东之间的代理冲突，使管理层将个人利益和企业价值最大程度的统一是现代企业制度下委托代理理论的核心问题。

第二节 信息不对称理论

信息不对称（asymmetric information）指相关信息在相互对应的经济个体之间不均匀的分布状态，即部分人对关于某事物所掌握的信息多于其他人。"信息不对称理论"产生于20世纪70年代，它用以说明在市场交易中，交易双方对相关信息的不对称分布将会对市场运行效率产生一系列影响。但是，"信息不对称理论"在最初并没有得到经济学界的重视，直到20世纪80年代，一些西方经济学界将这一理论引入金融领域的研究，它增进了经济学界对金融中介职能、金融市场行为、经济波动传递机制等一系列宏微观问题的理解，因此，才使得这一理论的价值逐渐体现出来。

以迈尔斯和麦吉勒夫（Myers and Majluf, 1984）为代表的信息不对称学派认为，管理层与股东之间的信息不对称可能诱发过度投资或投资不足的低效率投资行为。他们认为，当企业需要股权融资以此进行项目投资时，由于管理者与股东间存在信息不对称，导致股价可能被低估或高估。当管理者认为股价被低估时，相较于项目投资的收益，此时进行外部融资将造成股东利益损失，因此管理层可能减少外部融资，并不得不放弃一些净现值为正的项目，从而产生投资不足问题；相反，如果管理者认为股价被高估，他们愿意进行股权融资并进行投资，即便此时的项目预期净现值为负，因而形成投资过度的低效率投资行为。造成信息不对称的原因主要有以下几个方面：一是信息的获取渠道不同，通常信息的内部使用者能够获得的信息处于优势地位；二是获得的信息数量、质量不对称，信息获得的数量越多、质量越高，所掌握的信息越有优势；三是信息的获取是否及时，信息获取越及时，优势越明显。

更为重要的是，信息不对称产生的背后可能隐藏的是"逆向选择"（adverse selection）与"道德风险"（moral hazard），这必定导致信息的拥有方因为自身牟取更大的利益而损害另一方利益（George, 1970; KJ Arrow, 1968）。为了缓解信息不对称的潜在风险，企业将如何向资本市场传递有关公司的有用信息成为问题解决的关键。在此环境下，斯彭斯（Spence, 1973）的信号传递理论（signaling theory）为解决这一难题做出了巨大贡献，他的经典招聘模型认为，企业人力资源人员在招聘时，由于信息不对称导致其无法有效地判断求职者的实际生产能力，以致求职者无法获得合理待遇。但是对于求职者来说，如果他们将不可见的、可作为生产能力的特征信息，作为有价值的信号主动传递给招聘者，那么，相较于其他求职者，他们更可能获得合理公平的待遇。简言之，信号传递理论是解决信息不对称的有力方法。管理层往往掌握信息优势，他们同样可以通过多种形式整合私有信息，传递给其他信息使用者，从而改善信息不对称。

管理者持有公司权益，即股权激励制度被认为是缓解信息不对称的有效方法。尽管管理者股权激励增加了企业权益成本，但管理者决策能够更好地向市场传递决策的积极信息，这一信号传递机制要优于企业关于投融资项目等的披露效果。特别是，股权激励费用需基于非活跃市场环境下的公允价值计量，管理者通常拥有非活跃市场的相对信息优势，并可能在公允价值估计输入值中整合其私有信息，进而向外部投资者传递更多决策有用的信息，包括如未来经营与财务风险等私有信息。

第三节　资本资产定价理论

在现代经济中，人们进行金融资产交易时，需对金融资产合理价格进行确定，以便在交易中作出合理的决策。针对这一理性定价问题的研究，即为资本资产定价理论，这也是现代金融学的核心研究领域之一。具体地，资本资产定价理论是研究如何对资产特别是金融资产进行合理估价的理论，是对具有风险和未来不确定收益索偿权价值探索的一种金融理论（汪昌云和汪勇祥，2007）。

资本资产定价理论的规范性研究起源于 18 世纪，丹尼尔·伯努利（Daniel Bernoulli，1738）以拉丁文发表的《关于风险衡量的新理论》（*Hydrodynamica：sive de viribus et motibus fluidorum commentarii*），其中首次提出了风险衡量和期望效用的概念和处理方法，并建立了对日后资本资产定价理论影响深远的思想：资产所需确定的价值是要根据其效用的大小，而非其价格。随后，在标准金融学及理论基础的发展下，产生了如正确投资组合理论、投资者完全理性假说、有效市场假说等。1964 年，美国学者威廉·夏普（William Sharp）、约翰·林特纳（John Lintner）、杰克·特雷诺（Jack Treynor）等在资产组合理论和资本市场理论的基础上，提出了资本资产定价模型（capital asset pricing model，CAPM），主要用于探究资产预期收益率与风险之间的关系。这一模型的建立不仅揭示了资产收益的决定因素，更为资产的定价提供了间接方法，开启了资产定价研究的先河。但是，后续研究发现，传统的资产定价理论不能完全解释收益，还存在其他如公司规模、财务杠杆、市盈率等多种因素对其影响。因此，大量学者开始研究受多因素影响的资产定价模型。其中，最为著名的为套利定价理论（APT）和三因素模型。前者由罗斯（Ross，1976）提出，他认为市场上会存在若干个对资产收益率产生显著影响的风险因子，其影响方式是线性的，投资者基于这一关系能够清晰地观测到风险来自何处，以及对收益率产生的影响程度。而法玛和弗伦奇（Fama and

French，1993）提出的三因素模型认为，决定股票横截面收益变化的具体因素有三个：价值因素、公司因素以及市场因素。同一时期，资本资产定价理论的另一重要基石"期权定价模型"也得到发展。布来克和斯科尔斯（Black and Scholes，1973）发表了题为《期权和公司债务定价》（*The Pricing of Options and Corporate Liabilities*）一文，首次提出了具有经济意义解释的欧式期权定价公式，即著名的 Black-Scholes Model 模型（B-S 模型）。B-S 模型的核心思路是，投资者总是通过构造标的股票和无风险债券的适当组合，使其收益与期权在到期日的收益一致。换言之，若构造的期权收益与真实期权的收益相同，那么根据无套利原则，二者价格也必定相同，因此，通过构造期权并对其定价，即可得到真实期权的定价。这一模型也得到了广泛的运用，特别是对衍生品如股权激励中的股票期权、限制性股票等的定价，已成为服务现代金融市场的重要理论。

结合本书，资产定价理论即为管理层对具有风险和未来不确定收益索偿权的资产进行定价，其中模型、参数的选取使用都是为了如实反映出资产的价格，以便使用者做出合理的决策（Beaver，1968；Fama and French，1993；Black and Scholes，1973）。这意味着，以反映资产实际价值、提高使用者决策水平为目的的定价是合理的，换言之，以反映资产真实价值、提高值信息使用者决策水平的股权激励公允价值信息是具有决策有用性的。

随着中国股权激励制度的建立，我国也吸纳了西方经济学关于资本资产定价理论的合理部分，运用成熟模型对期权定价。其中，我国企业多采用 B-S 模型对股权激励股票期权进行定价，但因模型中的参数输入值依赖管理层设置，在缺乏准则规范的情况下，这赋予管理层较大的自由裁量空间，他们可以根据个人主观判断，将如政治压力、个人自利或是私有信息传递等整合到期权定价中。因此，如何确保准则赋予管理者的自由裁量权能够实现资本资产定价的目的，是当前各界最为关注的问题。

第四节 管理层权力理论

股权激励在有效契约论的支撑下，被认为是解决管理层和股东之间代理问题，保证二者间利益最大化的有效手段。然而，别布丘克和弗里德（Bebchuk and Fried，2003）却认为，股权激励的实施恰恰体现了当前薪酬契约的无效和公司治理的失败，这不但不能使股东利益最大化，相反被管理层用来私利攫取。他们指出，公司内部股权分散，股东监管力量薄弱，此时，管理层很可能凭借手中不断膨胀的权力干预企业重大决策，以此满足个人利益，从而致使最优契约理论的实施前提受到质疑，理论指导意义大打折扣。在这一论断下，大批学者和政策制定者对管理层薪酬契约投来关注，例如，2006年美国证券交易委员会（SEC）强制要求 CEO 薪酬披露；多德弗兰克法案（Dodd-Frank Wall Street Reform and Consumer Protection Act）要求美联储监督企业高管薪酬；英国 2002 年颁布的《企业高管收入报告条例》规定，上市公司必须向股东大会公布高管收入并报批；法国政府成立专门的管理国企工资委员会，对国有企业，特别是国有垄断企业薪酬实行严格控制。在这种背景下，别布丘克等在系统的比对和分析后，基于委托代理理论框架总结并提炼出管理层权力理论（managerial power theory）。

管理层权力理论认为存在机会主义倾向的管理层会凭借自身权力和能力影响薪酬水平和结构，而忽视股东利益（Bebchuk et al.，2002）。这一理论的支持者认为，现存的薪酬安排偏离了最优契约，这不仅无法保证股东利益，反而为管理层提供了通过薪酬契约实施机会主义行为的可能性。别布丘克和弗里德（2003）认为，当公司内部股权分散、董事会结构低效、或股东监管力量薄弱时，管理层很可能凭借手中不断膨胀的权力干预企业重大决策，从而进行私利攫取。大量研究也支撑了这一论断，研究发现，管理层通过权力影响薪酬已成事实，权力越大，薪酬水平越高（Newman and Mozes，1999；Core and Guay，1999；Bebchuk et al.，2002；卢锐，2008；权小锋等，2010）。

针对 20 世纪 90 年代后期，美国公司高管股权薪酬支付过度的问题，学者尝试基于管理层权力理论对股权激励与代理问题的关系进行解释（Yer-mack，1997；Aboody and Kasznik，2000；Coles et al.，2006；Harris and Bro-miley，2007；Choudhary et al.，2009）。他们认为，管理层主要通过俘获董事会，利用其权力影响股权激励设计方案，制定符合自身利益的激励契约；抑或通过盈余管理、内幕信息操纵、重新定价等手段，实现自身收益最大化。结合管理层权力理论，由于不完善的公司治理结构，管理层实质上已成为实际的薪酬制定者，因此原本被寄予厚望能降低代理成本的股权激励机制不但没有发挥应有效果，反而成为了管理层的寻租工具（Laux and Laux，2009）。不仅如此，管理层为了掩盖寻租行为，往往会依靠盈余管理或其他手段进行伪装，如通过操纵股票期权的公允价值可以影响企业净利润，从而在保证自身激励契约的同时，优化企业财务状况（Cheng and Smith，2013）。

但是，正如别布丘克等强调的，外界的愤怒成本[①]和内部约束是管理者权力的重要基石，换言之，管理层虽然有动机和能力控制薪酬制定，但这并不代表没有限制对其制约。别布丘克等认为，董事会治理、外部监管、市场力量等可以在一定程度上约束管理层这一行为。

第五节　公司治理理论

公司治理实践是随着公司的组织形式出现而产生的。1776 年，亚当·斯密在《国富论》中对两权分离下的股份公司及其董事行为进行了分析，实际上已触及公司治理问题（李维安等，2019）。1932 年，美国哥伦比亚大学法学教授阿道夫禀·伯利（Adolf A. Berle）和经济学教授加德纳臷·米恩斯（Gardiner C. Means）出版了《现代公司与私有财产》（*The Modern Corporation and Priviate Property*）这一划时代作品。他们认为，所有权与控制权的分离必然导致了对于利润分配的冲突。究竟是遵循"传统财产逻辑"将全部利润分配给股东，还是依照"传统利润逻辑"仅把一部分利润分配给股东这一问题，成为当时乃至今日的经典讨论。伯利和米恩斯提出的"所有权和控制权的两权分离"这一命题被学术界认为是公司治理产生的标志，也为日后公司治理理论的发展奠定了基础。

目前，公司治理理论的主流理论包括股东至上理论和利益相关者理论。二者分别以新古典经济学的资源配置观及其变体为基础。股东至上理论认为，企业的本质是追求利润最大化的"黑箱"，公司要以内外部治理相结合，降低代理成本，形成公司经济资源和收益分配的市场控制，以此达到股东利润

---

① 别布丘克等（2002）提出"愤怒成本"一说，认为即使高管可以操纵自己的报酬，也不可能无限地将其扩大，因为，若高管的报酬远超利益相关者的接受范围，利益相关者将变得愤怒和不安，并做出反应。

最大化的目的；而利益相关者理论认为，公司治理制度是在进行收益分配的同时，兼顾对企业专用性投资的提供者进行适当激励，这一理论将企业本质看作契约联合体，企业需要通过将控制权、激励和责任授予对企业有着贡献的合约方，形成有效的合约安排和治理制度，从而达到利益相关者价值最大化的目的。可以看出，虽然这两种理论同根溯源，在逻辑起点、研究方法等有着相同之处，但在对委托关系的理解、企业本质的认知等存在一定差异。

尽管，对于"公司治理"这一概念有着不同理解，但基本围绕在如何使企业如何使管理者在利用资本进行运营的同时，能保障利益相关者的权益，即减少代理人和委托人之间的目标差异。可见，公司治理理论其实是以委托代理关系为核心，以信息不对称条件和理性经济人为前提假设，设计如何有效激励或约束代理方，从而降低代理成本，保护委托人利益。已有研究发现，公司治理能够有效保护股东权利、改善董事会治理、加强大股东治理等（La Porta et al.，1997；Bushman and Smith，2001；Holderness，2003），但与本书最为相关的是公司治理对信息披露质量的影响。一方面，公司管理层可以将信息披露作为向外界传递公司治理状况的一种方式（Healy et al.，1999；Core，2001）。公司治理机制的不健全可能诱发代理冲突，并因此导致公司相关信息失真、披露质量低劣、盈余管理、甚至是财务欺诈（胡奕明和唐松莲，2008）。另一方面，有效的治理机制（内部治理如董事会治理、股东和债务人监督、高管薪酬激励等；外部治理如分析师关注、独立审计、市场竞争等）能够给管理层施压，使其不断提高会计信息的可靠性和透明度（Bushman and Smith，2001；Bhat，2013）。因此，本书考察的股权激励公允价值估计的可靠性与公司内外部治理机制的密切相关。

第六节　行为科学理论

随着经济的发展，人们发现古典管理理论似乎无法完全解决实践中的问题，尤其是古典管理理论中的"经济人"与现实中的管理有很大差距。这是由于管理实践中出现的许多问题都基于"人"，人的行为会随着环境、时间等因素的变化而改变。在企业的运营中，"人"起到了至关重要的作用，其决定了企业投资的决策、运营的效率甚至是未来发展的方向，因此，学者针对这一问题的研究，也逐渐由理论为中心的"经济人"转向以理论和实践相结合的"社会人"以及"文化人"。1949 年，芝加哥大学主办的跨学科世界大会首次对行为科学一般性理论进行了探讨，标志着行为科学研究的正式开始。

行为科学理论主要集中于分析人的动机、需求、激励、行为等与企业管理的关系，结合本研究，主要对动机理论进行阐述。动机是一种广泛且复杂的心理现象，人类的各种行为，都有一定动机，而动机是由需要引起的，当人有了需要之后，就有动机去完成目标。由于动机的复杂性，学者基于不同的方法、不同的视角进行研究，提出了多种动机理论，如需求理论、双因素理论、公平理论、期望理论等。其中，最为著名的是 1964 年，由美国管理学家维克托·弗鲁姆（Victor H. Vroom）在 *Work and Motivation* 中提出的期望理论，他认为人的行为会受到预期心理的支配，人之所以能够努力工作并完成既定目标，是因为这些工作同样能满足他们的需求。所以，人对于某项工作的评价，对自身能够完成这项工作的概率的判断，以及预期在完成时得到的激励将直接影响这一工作能否取得良好的效果。

基于经济人假设，管理层的基本动机主要包含三种特征：利己、利他和理性。利己是经济人假设的核心，指其以自身利益最大化为目标；利他，相对于利己，意为追求他人利益最大化；而理性是指在有限资源或其他约束下，经济人能根据自身判断实施效用最大化的行为，简而言之，理性关乎利己，亦关乎利他。因此，结合动机理论和经济人假设，管理层的动机可被分为利己动机、利他动机以及理性动机。本书将管理层的潜在动机分为薪酬自利动机、信息传递动机以及盈余管理动机三种，以此解释管理层在股权激励公允价值估计中自由裁量行为。因此，当利己动机占主导时，管理层更可能利用股权激励公允价值估计中的自由裁量行为实现薪酬自利或者盈余管理；相反地，在利他和理性动机的作用下，管理层会利用股权激励公允价值估计中的参数设置，将私有信息整合传递向外界，以此使股东和企业价值最大化。

| 第四章 |

股权激励公允价值估计中管理者自由裁量行为的识别与测度

本章为全书实证研究的基础，旨在识别在当前我国制度环境下，现有会计准则为股权激励公允价值估计提供了哪些自由裁量权？管理者是否运用了这些自由裁量权？运用程度如何？具体地，将重点考察：（1）立足于现有研究文献、我国会计准则及股权激励相关政策文件，分析并识别当前我国上市公司管理者在股权激励公允价值估计中存在的自由裁量空间。（2）基于现有理论文献，如阿布迪等（Aboody et al.，2006）、霍德等（Hodder et al.，2006），测度管理者对股权激励公允价值估计（如参数调整：预计有效期、预计波动率、预计股利与预计无风险利率）的自由裁量程度。（3）利用我国A股股权激励上市公司的经验数据，通过方差检验、组间差异检验等方法初步验证我国上市公司管理者股权激励公允价值估计中是否运用自由裁量，以及其自由裁量程度。

第一节　问题的提出

自2005年底中国证监会颁布并实施真正意义上的股权激励制度以来，对股权激励的会计处理问题也被随之提上日程（吕长江和张海平，2011）。根据泽夫（Zeff，1978）的"会计的经济后果"理论，不同股权激励的会计处理方法或程序将影响利益相关者的决策行为以及各自的利益分配格局，并最终导致真实的经济后果。理论上，对股权激励的会计处理主要存在"利润分配观"和"费用观"两种不同的观点。"利润分配观"认为，股票期权的实质是员工对企业剩余价值的分享，应将其确认为利润分配（谢德仁和刘文，2002）；"费用观"则把股权激励确认为企业的一项费用，计入利润表（方慧，

2003）。目前，国际会计准则主要采用"费用观"对股权激励进行会计处理。

在我国，《企业会计准则第 11 号——股份支付》及其应用指南（CAS 11）是规范上市公司股权激励会计处理的主要准则。根据《企业会计准则第 11 号——股份支付》，企业以权益结算的股份支付换取职工提供服务的，应当以授予职工权益工具的公允价值计量；对于授予后立即可行权的换取职工服务的以权益结算的股份支付，应当在收益按照权益工具的公允价值计入相关成本或费用，相应增加资本公积；完成等待期内的服务或达到规定业绩才可行权的换取职工服务的以权益结算的股份支付，在等待期内的每个资产负债表日，应当以对可行权权益工具数量的最佳估计为基础，按照权益工具授予日的公允价值，将当期取得的服务计入相关成本或费用和资本公积。《企业会计准则第 11 号——股份支付》应用指南进一步指出，对于授予的存在活跃市场的期权等权益工具（主要指 Level I 层次的资产或负债），应当按照活跃市场中的报价确定其公允价值；对于授予的不存在活跃市场的期权等权益工具（主要指 Level II 和 Level III 层次的资产或负债），应当采用期权定价模型等确定其公允价值，选用的期权定价模型至少应当考虑以下因素：期权的行权价格、期权的有效期、标的股份的现行价格、股权预计波动率、股份的预计股利、期权有效期内的无风险利率。然而，因过于依赖不可观察的输入值，非活跃市场下的公允价值运用饱受质疑。特别是，股权激励公允价值估计需要采用期权定价模型，其中涉及参数设定、模型选取等众多基于管理者主观性的判断。即便我国于 2014 年 7 月 1 日颁布了《企业会计准则第 39 号——公允价值计量》（CAS 39），加大了对不同层次公允价值运用的规范，但其中并无对估值参数的选取有确切要求。

可见，结合目前我国《企业会计准则第 11 号——股份支付》采用"费用观"对股权激励进行会计处理以及《企业会计准则第 39 号——公允价值计量》对公非活跃市场下的允价值运用，存在如下几个特点：一是无论是股票期权还是限制性股票，《企业会计准则第 11 号——股份支付》均要求我国上市公司采用公允价值对股权激励进行计量，并在等待期内合理确认相关成本或费用；二是实务中，由于股权激励并没有活跃市场交易价格，主要采用估值模型估计股权激励公允价值，但当前准则对其使用的估值模型及参数并无规范性要求；三是企业可以选择是否对其所用模型及参数的细节进行披露

（表外披露）。据此，本书预期可从期权定价模型中的输入参数调整对股权激励公允价值估计中的管理者自由裁量行为进行识别。

在当前股权激励费用对我国上市公司净利润影响逐渐凸显的背景下，已有初步研究证据显示，管理者在这些公允价值估计过程中实施了相当的自由裁量权。例如，对股票期权公允价值估计参数选择的自由裁量，平静和陈朝晖（2014）统计发现，随机抽取的 30 家推出股票期权计划的深市上市公司，仅有 15 家披露了公允价值估计的参数，且在确定无风险利率、股价预计波动率等上存在巨大的差异（见表 4 - 1）。

表 4 - 1　　　　深市部分上市公司股票期权公允价值计算参数选择情况

股票代码	股票简称	无风险利率（%）	无风险利率确定依据	股票历史波动率（%）	股票历史波动率确定依据
002090	金智科技	3.68，4.08	金融机构存款基准利率换算成为复利	30.94	公司前 2 年的股价平均波动率
002183	怡亚通	3.75，4.25，4.50	金融机构存款基准利率	42.73	公司前 1 年的股价波动率
002278	神开股份	3.00	1 年期定期存款基准利率	41.70	公司前 3 年股价平均年化波动率
002654	万润科技	4.50	3 年期和 5 年期存款基准利率的算术平均数	23.23	中小板指数 2012 年年化波动率
300104	乐视网	0.50	未披露	25.04	中小板前 3.75 年指数收盘价历史波动率
300146	汤臣倍健	2.90，3.05，3.18	中证国债到期收益率	40.74	公司上市以来的股价平均年化波动率

资料来源：平静，陈朝晖. 上市公司股权激励相关会计问题探讨［J］. 证券市场导报，2014（11）：4 - 7 + 34.

那么，管理者是如何在自由裁量下进行模型选择和参数调整的？

第二节　股权激励公允价值估计参数选择的自由裁量测度

在我国，绝大部分股票期权以及部分限制性股票公司都采用 B-S 期权定价模型估计其公允价值，具体计算公式如下：

$$Option\ Value = [\,Pe^{-dT}\Phi(Z) - Ee^{-rT}\Phi(Z - \sigma T^{(\frac{1}{2})})\,]\qquad(4.1)$$

其中，其中，$Z = [\ln(P/E) + T(r - d + \sigma^2/2)]/\sigma T^{(1/2)}$，$P$ 为期权授予日的股票价格，E 为期权的行权价格，σ 为期权寿命期内的预计股价波动率，r 为期权有效期内的无风险利率，T 为预计期权有效期，d 为期权寿命期内的预计股利支付率，$\Phi(\cdot)$ 为标准正态分布的累计概率分布函数。可以看出，期权公允价值估计主要依赖于管理者对未来的估计，包括预计期权有效期、预计波动率、预计股利支付率与预计无风险利率，这使得管理者在这些参数的估计中拥有相当的自由裁量权（Aboody et al.，2006）。然而，如何测度管理者自由裁量程度是公允价值会计研究的难点之一。已有的部分研究，通过考虑管理者披露的参数值与基准数值的差额反映管理者对某一参数的操纵程度（Aboody et al.，2006；Choudhary，2011；Bratten et al.，2016），但这些研究在选取基准参数时存在较大差异。霍德等（2006）借鉴盈余管理模型的基本思想，通过将管理者披露的某一参数值对该参数的历史基准值与行业基准值（两个工具变量）进行回归，以预测该参数的预计值，并将残差作为管理者操控程度。本书结合美国 SFAS 123R 与我国制度特点，采用工具变量法，测度我国上市公司股权激励公允价值估计的管理者自由裁量程度。阿布迪等（2006）认为，这种工具变量法运用的优势是能考虑预期的多重维度。

一、期权有效性的管理者自由裁量程度测度

期权预计有效性是指从期权授予日到预期行权的日期或其他预计处理的日期。与交易性股票期权不同，员工股票期权一般不能公开交易或套期，而仅仅能行权。由于员工一般在期权合同到期前进行行权（Huddart and Lang，1996），这缩短了期权寿命并因此丧失了剩余的时间价值，最终降低了员工股票期权的价值。为了提高期权价值估计的可靠性，SFAS 123R 要求员工股票期权和类似的权益工具的寿命应该基于预计的有效期，而非是合同期限。在我国，股票期权的行权方式有自主行权和批量行权两种。批量行权是指股票期权等待期过后，上市公司统一向中国结算申请行权，中国结算完成行权所得股票的登记事宜；自主行权是指股票期权等待期过后，激励对象通过券

商提供的行权终端，在规定的行权期间内自主选择行权时间、行权数量，在缴纳完行权资金和相关税费后，获得激励股票（夏峰等，2014）。夏峰等（2014）对实施股票期权的深市上市公司统计显示，采用自主行权和批量行权所占比例分别为63%和37%。因此，对于批量行权的公司，股票期权的预计有效性即为授予日到批量行权日的期限，而批量行权日一般在激励计划契约中已明确；而对于自主行权的公司，本研究借鉴阿布迪等（2006）的工具变量法预测期权的有效性。阿布迪等（2006）使用四个工具变量去预测期权的有效性：期权行权期限、当前失效的期权数除以期末未行权的总数、当期行权数除以期末未行权的总数、授予前五位经理的期权比例。本研究通过加入股票预期波动率、授予期权高管的平均年龄和平均工作年限，进一步修正阿布迪等（2006）的模型。之所以这样考虑，是因为SFAS 123R认为，这些因素可能影响员工行权行为，并建议在估计期权有效期时应该予以考虑。具体的模型如下：

$$
\begin{aligned}
Life\_R_{i,t} = & \beta_0 + \beta_1 VP_{i,t} + \beta_2 OC\_Option_{i,t} + \beta_3 OE\_Option_{i,t} \\
& + \beta_4 Top5\_Option_{i,t} + \beta_5 Vol\_E_{i,t} + \beta_6 Top5\_Age_{i,t} \\
& + \beta_7 Top5\_Tenure_{i,t} + \varepsilon
\end{aligned} \tag{4.2}
$$

模型（4.2）中，$Life\_R$ 为管理者披露的股票期权有效期；VP 为行权期限；$OC\_Options$ 为当期失效的期权数量除以期末未行权的期权总数；$OE\_Options$ 为当期行权的期权数量除以期末未行权的期权总数；$Top5\_Options$ 为前五位高管持有的期权数量除以期末未行权的期权总数；Vol_E 为预期的股价波动率，具体计算见下文；$Top5\_Age$ 为前五位高管的平均年龄；$Top5\_Tenure$ 为前五位高管的平均工作年限。模型（4.2）回归得到的预测值即为期权预计有效性（$Life\_E$）。借鉴肖德哈瑞（2011）的研究，披露值与预测值之差除以披露值即为管理者对期权预计有效期的自由裁量程度（偏差），即：

$$
Dis\_Life_{i,t} = \left[Life\_R_{i,t} - Life\_E_{i,t} \right] / Life\_R_{i,t} \tag{4.3}
$$

其中，若 Dis_Life 为负，则代表预计有效期的低估，其绝对值大小则代表低估程度；反之则代表高估及高估程度（以下各参数及整体公允价值估计的自由裁量测度等同）。

二、预计波动率的管理者自由裁量程度测度

预计波动率的操控被认为是管理者操控股票期权公允价值估计的重要内容，但基于 SFAS 123 披露管制环境，现有研究并未得出统一结论。例如，鲍尔萨姆等（2003）没有找到管理者操控预计波动率的证据；霍德等（2006）发现，管理者机会主义激励并未一致性地导致预计波动率的操控；阿布迪等（2006）得出管理者操控预计波动率的微弱证据；约翰斯顿（2006）则发现，管理者显著操控预计波动率，尤其是对自愿确认期权费用的公司。导致这些混乱结果出现的可能原因之一是对管理者自由裁量测度方法的不同。霍德等（2006）通过建立管理者披露的波动率对历史波动率与行业波动率的回归模型，预测预计波动率，其中，历史波动率采用当期期末的前六个月期间，月股票价格相对价格变动的自然对数的标准差；行业波动率则采用同行业同期披露的预计波动率的平均值。本研究借鉴霍德等（2006）的思想，并作如下修正：一是采用期权有效期等同的最近日股票价格相对价格变动的自然对数的标准差作为历史波动率。SFAS 123R 认为，如果采用闭合形式（closed-form）的估值模型（如 B-S 模型），在估计预计波动率时应该考虑期权有效期等同期间的最近股票波动率，且应该采用日股票价格。二是考虑我国推出股权激励计划的部分公司上市时间较短，若期权有效期长于公司上市时间，则根据 SFAS 123R 的建议，以规模、成长性与负债率相近的同行业上市公司的历史波动率替代。三是进一步加入公司上市年份与负债水平两个工具变量。SFAS 123R 认为，公司股票交易的时间长短与负债水平对波动率有重要影响，并建议公司在估计预计波动率时应该予以考虑。具体模型构建如下：

$$Vol\_R_{i,t} = \beta_0 + \beta_1 Vol\_History_{i,t} + \beta_2 Vol\_Industry_{i,t} + \beta_3 Listtime_{i,t} + \beta_4 Lev_{i,t} + \varepsilon$$

$$(4.4)$$

模型（4.4）中，Vol_R 为管理者披露的波动率；$Vol\_History$ 为预计的历史波动率；$Vol\_Industry$ 为同行业同期披露的预计波动率的平均值；$Listtime$ 为公司上市年数的自然对数；LEV 为公司资产负债率。通过模型回归的预测值即为期权预计波动率（Vol_E），而披露值与预测值之差除以预测值即为管理者对期权预计波动率的自由裁量程度，即：

$$Dis\_Vol_{i,t} = \left[Vol\_R_{i,t} - Vol\_E_{i,t} \right] / Vol\_R_{i,t} \qquad (4.5)$$

三、预计股利支付率的管理者自由裁量程度测度

对预计股利支付率的管理者自由裁量度量，本研究借鉴并通过增加历史股利支付增长率这一工具变量修正霍德等（2006）的研究模型。SFAS 123R认为，企业在估计预计股利支付率时不应仅仅考虑过去的固定股利支付率，还应该考虑企业过去股利支付的趋势，即增长还是降低。例如，企业在过去几年以每年3%的增长率提高股利支付率，显然，在未来股票期权有效期内仅考虑固定股利支付率是有偏的。具体模型如下：

$$Div\_R_{i,t} = \beta_0 + \beta_1 Div\_History_{i,t} + \beta_2 Div\_Industry_{i,t} + \beta_3 Div\_Gro_{i,t} + \varepsilon \qquad (4.6)$$

其中，Div_R 为管理者披露的预计股利支付率；$Div\_History$ 为预计的历史股利支付率。与霍德等（2006）采用上一年度股利支付率不同，本研究采用与期权有效期等同期限的历史股利支付率（当期股利支付额除以期末股价）的平均值。SFAS 123R认为，在估计预计股利支付率时，应该考虑与期权有效期等同期限的历史股利支付率；$Div\_Industry$ 为同行业同期披露的预计股利支付率；Div_Gro 为历史股利支付率的平均年增长率。与前两个参数设计一致，通过模型（4.6）回归的预测值即为预计股利支付率（Div_E），而披露值与预测值之差除以披露值即为管理者对预计股利支付率的自由裁量程度，即：

$$Dis\_Div_{i,t} = \left[Div\_R_{i,t} - Div\_E_{i,t} \right] / Div\_R_{i,t} \qquad (4.7)$$

四、预计无风险利率的管理者自由裁量程度测度

借鉴霍德等（2006）的工具变量模型，测度预计无风险利率的自由裁量程度，具体如下：

$$Risk\_R_{i,t} = \beta_0 + \beta_1 Risk\_History_{i,t} + \beta_2 Risk\_Industry_{i,t} + \varepsilon \qquad (4.8)$$

模型（4.8）中，$Risk\_R$ 为管理者披露的无风险利率；$Risk\_History$ 为与期权有效期等同期限的我国国债年利率。霍德等（2006）采用半年期、1、2、3、5、7、10年期国债年利率的加权平均值作为预计的历史无风险利率。

本研究根据 SFAS 123R 的观点，采用与期权有效期等同期限的国债利率；*Risk_Industry* 为同行业同期披露的预计无风险利率。模型（4.8）回归得到的预期值即为预计无风险利率（*Risk_E*），披露值与预计值之差除以披露值则反映管理者对预计无风险利率的自由裁量程度，即：

$$Dis\_Risk_{i,t} = \left[Risk\_R_{i,t} - Risk\_E_{i,t} \right] / Risk\_R_{i,t} \qquad (4.9)$$

综上，根据模型（4.2）、模型（4.4）、模型（4.6）、模型（4.8）回归预测得到的各参数预测值则为估计参数的基准值，并通过 B-S 模型，计算得出各公司年股权激励估计的基准公允价值（*FVB*）。通过将管理者披露的公允价值（*FVR*）与各公司年股权激励估计的基准公允价值（*FVB*）之差除以管理者披露的公允价值（*FVR*）（见式 4.10），即为管理者对公允价值估计的偏差程度（*Dis*），若为负，则代表管理者低估公允价值，且其绝对值则为低估程度；反之为正，代表管理者高估及高估程度。

$$Dis_{i,t} = \left[FVR_{i,t} - FVB_{i,t} \right] / FVR_{i,t} \qquad (4.10)$$

第三节　理论分析与研究假设

管理者自由裁量是指其在公允价值估计中，管理者利用会计准则提供的自由选择空间，选择不同于历史经验和行业基准的估值模型和参数，以实现特定目的的一种会计选择行为。在我国，《企业会计准则第 11 号——股份支付》应用指南指出，对于授予的不存在活跃市场的期权等权益工具（主要指 Level Ⅱ 和 Level Ⅲ 层次的资产或负债），应当采用期权定价模型等确定其公允价值，选用的期权定价模型至少应当考虑以下因素：期权的行权价格、期权的有效期、标的股份的现行价格、股权预计波动率、股份的预计股利、期权有效期内的无风险利率。尽管《企业会计准则第 11 号——股份支付》为管理者估算股权激励公允价值提供了指南，如需要参考历史数据、行业标准以及其他有关指标合理设置估计参数，但是仍然给管理者提供了保留了相当程度的自由裁量空间，这是由于准则目前并未对股权激励公允价值估计中的估值模型、参数选取实施明确要求，管理者可以基于主观判断进行自由裁量。

现有研究对管理者在特定模型输入值的自由裁量行为考察多为国外经验证据，如部分学者发现，美国 SFAS 123 为管理者调整预计波动率和预计股利提供了相当的空间，这会对公允价值形成十分明显的影响（Coller and Higgs，1997；Balsam et al.，2003）。阿布迪等（2006）检验了四种输入参数的自由裁量问题，发现管理者主要是通过期权有效性进行操纵；然而，约翰斯顿（2006）得到了不同的结论，他发现管理者主要是通过股票预计波动性进行调整。可见，现有文献虽然证实管理者会对特定参数输入值进行操纵，但并未得到统一结论。

理论上，股权激励中期权定价模型所涉及的四种参数输入值应均对公允价值的估值具有显著影响，正如 Black-Scholes 期权定价模型的创造者所认为，各参数的聚合效应才是对于这一模型消除风险因素的关键所在，各参数的改变势必对期权最终估值造成不同影响。美国学者霍德等（2006）采用敏感度测试检验了股权激励公允价值和 B-S 定价模型中涉及各参数的关系。他们通过增加和减少每个参数的 10% 取值水平，发现股权激励公允价值与公司波动性、期权有效期和无风险利率的估计值呈正相关关系，而与股份的预计股利的估计值呈负相关性。这一测试结果初步证实了期权定价模型中的参数调整均会改变公允价值估值，从而为管理者通过输入值调整进行自由裁量操纵提供了可能性。与此同时，我国《企业会计准则第 39 号——公允价值计量》仅对管理层的参数输入值选取披露进行了要求，并未明确规范取值范围、取值依据等，为管理者自由裁量提供了空间。

另外，管理者在主观上存在股权激励公允价值估计中自由裁量的现实原因。前已述及，截至 2017 年底，我国 A 股上市公司股权激励费用占净利润的比重平均达 7.05%；有近 360 家上市公司股权激励费用对当期净利润的影响在 5% 以上，已达到了对净利润产生重大影响的程度。因此，管理者很有可能运用股权激励赋予的自由裁量空间实施盈余管理等行为，如通过调整股权激励费用总额，或是费用在等待期内的摊销年限来操控利润。相对地，也有研究发现管理者可能利用自由裁量行为向外界传递信号，将企业私有信息、未来风险传递给市场。

总之，准则规定为管理者存在股权激励公允价值估计中的自由裁量行为提供了客观条件，与此同时，现实原因也为管理者进行自由裁量提供主观的动机，基于此，提出本章假设 H（4-1）。

H（4-1）：管理者存在股权激励公允价值估计中的自由裁量行为。

第四节　研究设计

一、研究变量

关键变量股权激励公允价值估计中管理者自由裁量的偏差程度（Dis）参考4.2部分，在此不再赘述，其中各变量定义如表4-2所示。

表4-2　　　　股权激励公允价值估计的偏差程度所需变量定义

变量名		变量解释
B-S 定价模型	$OptionValue$	股票期权公允价值
	P	期权授予日的股票价格
	E	期权的行权价格
	σ	期权寿命期内的预计股价波动率
	r	期权有效期内的无风险利率
	T	预计期权有效期
	d	期权寿命期内的预计股利支付率
期权有效性	$Life\_R$	管理者披露的股票期权有效期
	VP	行权期限
	$OC\_Options$	当期失效的期权数量除以期末未行权的期权总数
	$OE\_Options$	当期行权的期权数量除以期末未行权的期权总数
	$Top5\_Options$	前五位高管持有的期权数量除以期末未行权的期权总数
	Vol_E	预期的股价波动率
	$Top5\_Age$	前五位高管的平均年龄
	$Top5\_Tenure$	前五位高管的平均工作年限
预计波动率	Vol_R	管理者披露的波动率
	$Vol\_History$	预计的历史波动率
	$Vol\_Industry$	同行业同期披露的预计波动率的平均值
	$Listtime$	公司上市年数的自然对数
	LEV	公司资产负债率

续表

变量名		变量解释
预计股利支付率	*Div_R*	管理者披露的预计股利支付率
	Div_History	预计的历史股利支付率
	Div_Industry	同行业同期披露的预计股利支付率
	Div_Gro	历史股利支付率的平均年增长率
预计无风险利率	*Risk_R*	管理者披露的无风险利率
	Risk_History	与期权有效期等同期限的我国国债年利率
	Risk_Industry	同行业同期披露的预计无风险利率

二、样本选择与数据来源

本书从上市公司财务报表附注和股权激励相关公告中，手工收集了每家上市公司股权激励公允价值估计模型、估值参数，以及激励费用等相关数据，并对股权激励公允价值表外披露的观测值做了如下处理，详见表 4 – 3。同时，选取 2006 ~ 2017 年我国沪深两市 A 股实施股权激励的上市公司作为研究样本，进行如下处理：（1）剔除了未披露股权激励公允价值估值参数的样本公司。（2）剔除在观测期内被 ST、*ST 等特殊处理的上市公司。（3）剔除在观测期内被 PT 和退市的公司。（4）剔除金融、保险类公司。（5）剔除当年成立的公司以及重要财务数据严重缺失的上市公司。最终，获得样本公司 439 家，共计 1390 个观测值。用于计算偏差变量的财务数据均来自 CSMAR 数据库，期权数量等相关数据来自 Wind 数据库。为缓解异常值的可能影响，对连续变量按照上下 1% 的标准进行 Winsorize 处理。数据处理软件为 Stata 14。

表 4 – 3　　　　　　股权激励公允价值表外披露的观测值处理

处理过程	公司数量	公司年度观测值
进行股权激励公允价值估计表外披露的观测值	823	2880
减：		
公司未公布所使用估算模型的观测值	170	544
	653	2336

续表

处理过程	公司数量	公司年度观测值
减：		
公司缺少一个或多个披露参数	157	628
	496	1708
减：		
所处行业少于5家公司	6	21
公司历史波动率缺失	4	25
公司行业波动率缺失	31	189
其他变量缺失	16	83
最终获得	439	1390

第五节　实证结果与分析

一、敏感度测试

为了揭示管理者可以基于 B-S 定价模型的参数输入值进行自由裁量，参考霍德等（2006）的研究方法，尝试通过增加/减少每个估计参数输入值的 10% 水平测试股权激励公允价值的敏感度。其中，所使用的基准公允价值为样本中报告值的平均数。通过将基准值与调整后的参数值进行比较，可以发现，波动性对于公允价值估算拥有着最明显的反应（6%），随后为期权期限（5%）、无风险利率（4%）以及预计股利支付率（2%）。结果如表 4-4 所示，初步表明，管理者基于 B-S 定价模型参数输入值的自由裁量会对公允价值产生一定影响。

表 4-4　　　　　参数输入值对股权激励公允价值的敏感度测试

项目	报告值的平均数	估计值增加10%	估计值减少10%	公允价值敏感度
基准公允价值	￥ 3.56			
波动性	28%	￥ 3.78	￥ 3.34	+/- 6%
预计股利	0.76%	￥ 3.63	￥ 3.49	+/- 2%
无风险利率	3.55%	￥ 3.70	￥ 3.42	+/- 4%
期权有效性	4.2 年	￥ 3.74	￥ 3.38	+/- 5%

二、描述性统计

表 4 – 5 报告了样本公司的部分特征和股权激励价值相关的信息。其中，公司市值的 25% 分位数到 75% 分位数的区间为 480 百万 ~ 1600 百万元，而市值的均值和中位数为 1478 百万元和 820 百万元，表明本研究选择了较为广泛的样本区间（同时包含了大型和小型公司）。多数样本公司在观测期间是盈利的（获得了均值为 378.27 百万元的净利润以及均值为 5.8% 的净利润与总资产比值），但也承担了一定的长期负债（长期负债率的均值为 41.26%）。此外，描述性统计结果呈现了样本公司拥有较为多样的股权激励计划：未行权的期权数量从 1.71 百万股至 27.31 百万股，而均值为 29.86 百万股。同时，授予期权的公允价值总额的均值和中位数分别为 8074.15 百万元和 72.80 百万元，进一步证实所选样本的广泛性。最后，研究发现样本公司用于计算股权激励公允价值的输入参数——波动性、股利支付率、无风险利率和期权期限的均值分别为 28.10%、0.80%、3.60%、4.21%，这一结果与霍德等（2006）基于欧美市场的统计结果较为相似（波动性、股利支付率、无风险利率和期权期限的均值分别为 34.90%、1.08%、5.85%、4.63%）。

表 4 – 5　　　样本公司描述性统计（包含 2006 ~ 2017 年的 1390 个观测值）

项目	均值	标准差	25% 分位数	中位数	75% 分位数
公司特征					
公司市值（百万元）	1477.75	2237.73	480.00	820.00	1600.00
股票年收盘价（元）	19.56	13.84	10.08	15.52	24.53
净利润（百万元）	378.27	497.29	75.06	168.16	454.20
净利润除以总资产（%）	5.80	5.40	3.20	5.31	8.12
长期负债除以市值（%）	41.26	77.35	0.72	3.65	43.23
报告用于计算股权激励价值的输入参数					
股价波动性（%）	28.10	18.90	0.40	32.90	42.70
股利支付率（%）	0.80	1.20	0.22	0.43	1.10
无风险利率（%）	3.60	1.10	3.12	3.88	4.31
期权期限（%）	4.21	0.75	4	4	4
股权激励计划信息					
当期授予期权数量除以未行权数量（%）	0.78	6.29	0.06	0.52	1.21
授予期权的公允价值总额（百万元）	8074.15	18234.41	72.80	221.1	895.35
未行权期权数量（百万股）	29.86	79.80	1.71	9.03	27.31

表 4 - 6 对比了披露的股权激励公允价值模型的输入参数与其历史经验值和行业基准值。披露的股价波动性的均值显著低于其历史经验值和行业基准值（分别为 0.281、0.343、0.340），与巴托夫等（Bartov et al.，2007）的统计结果一致。同时，披露的波动性中位数与其历史经验值和行业基准值的差异性均显著为负（分别为 - 0.048 和 - 0.017）。有将近 2/3 的样本公司的披露值低于其历史经验值和行业基准值，其中，低估样本公司平均小于历史经验值 22.77%，平均小于行业基准值 21.02%。因此，样本公司披露的输入参数皆显著低于其同期的历史经验值和行业基准值。

表 4 - 6 披露的定价模型输入参数与其历史和行业基准值的比较

（包含 2006 ~ 2017 年的 1390 个观测值）

变量	均值	标准差	25% 分位数	中位数	75% 分位数
股价波动率					
Report_Vol	0.281	0.189	0.004	0.329	0.427
Historic_Vol	0.343	0.123	0.234	0.319	0.432
Industry_Vol	0.340	0.0530	0.308	0.326	0.357
Reported_Vol – Historic_Vol	– 0.062 ***	0.226	– 0.222	– 0.048 ***	0.109
Reported_Vol – Industry_Vol	– 0.060 ***	0.198	– 0.280	– 0.017 ***	0.095
股利支付率					
Reported_Div	0.008	0.010	0.002	0.004	0.010
Historic_Div	0.008	0.009	0.002	0.005	0.010
Industry_Div	0.006	0.002	0.004	0.006	0.008
Reported_Div – Historic_Div	– 0.001	0.007	– 0.002	– 0.001	0.002
Reported_Div – Industry_Vol	0.001 *	0.008	– 0.004	– 0.001 *	0.003
无风险利率					
Reported_Rate	0.036	0.011	0.031	0.038	0.043
Historic_Rate	0.032	0.004	0.031	0.034	0.035
Industry_Rate	0.040	0.008	0.037	0.0430	0.044
Reported_Rate – Historic_Rate	0.003 ***	0.011	– 0.001	0.005 ***	0.011
Reported_Rate – Industry_Rate	– 0.004 ***	0.013	– 0.012	– 0.002 ***	0.003
期权有效期					
Reported_Life	4.212	0.751	4.000	4.000	4.000

续表

变量	均值	标准差	25%分位数	中位数	75%分位数
Industry_Life	4.175	0.122	4.095	4.182	4.254
Reported_Life-Industry_Life	− 0.014 **	0.603	− 0.254	− 0.162 **	0

变量名	变量定义
Report_Vol	披露的定价模型中的股价波动率
Historic_Vol	预计的历史波动率
Industry_Vol	同行业同期披露的预计波动率的平均值
Reported_Div	披露的定价模型中的股利支付率
Historic_Div	与期权有效期等同期限的历史股利支付率（当期股利支付额除以期末股价）的平均值
Industry_Div	同行业同期披露的股利支付率的平均值
Reported_Rate	披露的定价模型中的无风险利率
Historic_Rate	与期权有效期等同期限的国债利率
Industry_Rate	同行业同期披露的无风险利率的平均值
Reported_Life	披露的定价模型中的期权有效期
Industry_Life	同行业同期披露的期权有效期的平均值

注： *** 、 ** 、 * 分别表示在1%、5%、10%水平上显著。

股利支付率的披露参数值的均值低于历史经验值（差值为 − 0.001）。相较于历史经验值，有46%的样本公司（641/1390）高估了股利支付率，这可能会导致公允价值的降低。然而，如果将未进行股利支付的样本剔除，此时，有超过一半（51%）的公司高估了股利支付率。不同的是，披露的股利支付率的均值显著高于行业基准值（差值为 0.001， $p < 0.01$ ）。披露的无风险利率的均值显著高于历史经验值（差值为 0.003， $p < 0.01$ ），但是显著低于行业基准值（差值为 − 0.004， $p < 0.01$ ）。此外，表 4 − 6 也在披露的期权有效期和行业基准值之间进行了对比。如统计结果显示，披露的期权有效期显著大于行业基准值（差值为 0.036， $p < 0.05$ ）。上述描述性统计结果进一步表明，管理者可能对各输入参数分别进行了自由裁量，而各参数的自由裁量所形成的聚集效应，最终对股权激励公允价值起到何种影响，仍需要进一步检验。

三、股权激励公允价值估计中管理者自由裁量行为存在性检验

为了检验股权激励公允价值估计中管理者自由裁量行为是否存在，首先，研究尝试揭示基于管理者披露的股权激励公允价值与估计的股权激励公允价值（以估计的参数值进行 B-S 定价模型计算得到）之间是否产生差值，即是否存在自由裁量偏差。如表 4 - 7 Panel A 所示，自由裁量导致了各参数值均有不同程度的估计偏差，其中，Dis_Vol、Dis_Rate、Dis_Life 的均值为负，表明管理者平均低估了股价波动性、无风险利率和期权有效期的参数；而高估了股利支付率 Dis_Div，其系数为正。此时，以 B-S 定价模型，基于低估的 Dis_Vol、Dis_Rate、Dis_Life 和高估的 Dis_Div 计算所得的公允价值被显著低估，即自由裁量偏差 Dis_FV 显著为负（每股期权约低估 0.623）。大约有 46.47%（646/1390）的样本公司高估了股权激励公允价值；而 53.52%（744/1390）的样本公司低估了公允价值。不仅如此，未报告于表内的结果显示，公司自由裁量偏差的最小值约为最大值的 3 倍。总体上，管理者估计参数的自由裁量对公允价值估计产生了较为明显的影响。

表 4 - 7　　股权激励公允价值估计中自由裁量行为存在性检验

Panel A：期权定价模型中各输入参数对公允价值的聚集影响

变量	样本量	均值	标准差	25% 分位数	中位数	75% 分位数
$Reported\_FV$	1390	12.98	10.93	6.040	9.510	15.84
$Predict\_FV$	1390	13.61	10.39	7.224	10.55	15.89
Dis_FV	1390	- 0.623 ***	2.059	- 1.210	- 0.099 ***	0.493
$Reported\_FV > Predict\_FV$	646	0.697	0.685	0.272	0.558	0.904
$Reported\_FV < Predict\_FV$	744	- 1.768	2.165	- 2.337	- 1.092	- 0.371
Dis_Vol	1390	- 0.001	0.166	- 0.183	0.017	0.224
Dis_Div	1390	0.001	0.005	- 0.002	- 0.001	0.002
Dis_Risk	1390	- 0.001	0.010	- 0.005	0.001	0.006
Dis_Life	1390	- 0.004	0.880	- 0.436	- 0.135	0.143

Panel B：参数输入值对自由裁量偏差程度产生的影响（以报告值高/低于估计值分别列示）

	Volatility	Dividend	Rate	Life	Vol. 和 Div.	Vol. 和 Rate	Vol. 和 Life
$Reported\_FV > Predict\_FV$	64.2%	15.6%	7.7%	12.6%	79.9%	71.9%	76.7%
$Reported\_FV < Predict\_FV$	68.1%	16.3%	5.6%	10.1%	84.4%	73.7%	78.2%

Panel C：估计参数的 Pearson 相关系数检验				
	Volatility	Dividend	Rate	Life
Volatility	1			
Dividend	− 0.053 **	1		
Rate	0.209 ***	− 0.048 *	1	
Life	0.216 ***	0.076 ***	0.004	1
注释：				
变量定义：				
Reported_FV	= 基于 B-S 定价模型，以披露的四个参数值计算的披露公允价值			
Predicted_FV	= 基于 B-S 定价模型，以估计的四个基准参数值计算的估计公允价值			
Discretionary_FV	= *Reported_FV* − *Predict_FV*			

注：***、**、*分别表示在1%、5%、10%水平上显著。

如前文所述，表4-7的结果显示了管理者可能同时对多个参数进行自由裁量。因此，研究尝试检验不同参数输入值（单一或多个）对自由裁量偏差程度产生的局部效应，并以报告值高/低于估计值分别列示。为了检验这种局部效应，将任意一个披露参数，和其他三个估计的基准参数带入 B-S 定价模型进行计算，得到公允价值 *Modified_FV*，并将其与 *Predicted_FV* 进行比较（*Modified_FV-Predicted_FV/Reported_FV-Predicted_FV*）。结果如表4-7 Panel B 所示，股价波动性是对股权激励公允价值影响最大的参数（在高估和低估的估计值样本中影响程度分别为64.2%和68.1%）。值得注意的是，股利支付率也呈现了较高的影响程度（在高估和低估的估计值样本中影响程度分别为15.6%和16.3%）。与已有文献不同（Lambert et al., 1989），研究发现样本公司高估了股利支付率，并且会对股权激励公允价值估计产生较大影响（高估的股利支付率会降低期权的价值）。与阿布迪等（2006）和霍德等（2006）相一致，管理者自由裁量呈现出对期权有效期的高估现象。

此外，为了进一步检验管理者是否会同时对多个参数进行自由裁量，对四个输入参数之间进行 Pearson 相关系数检验。结果如表4-7 Panel C 所示，输入参数之间皆具有较高的相关性，仅有 Rate 和 Life 的相关性不显著（为0.004）。综上所述，本章的研究结果呈现出管理者存在对于股权激励公允价值估计的自由裁量行为，并且自由裁量行为在不同样本公司中的差异可能并非偶然。

第六节　本章小结

本章从期权定价模型中的输入参数切入，对股权激励公允价值估计中的管理者自由裁量行为进行识别与测度。以 2006～2017 年我国沪深两市 A 股实施股权激励的上市公司作为研究样本，利用手工收集的上市公司股权激励公允价值估计表外披露数据，在对自由裁量行为进行测度量化的同时，检验管理者自由裁量行为的存在性。研究发现如下。

第一，公允价值对输入参数的敏感度测试结果初步表明，管理者基于 B-S 定价模型参数输入值的自由裁量会对公允价值产生一定影响，这与霍德等（2006）的研究发现一致。

第二，描述性统计结果也表明管理者可能对各输入参数分别进行了自由裁量，而各参数的自由裁量所形成的聚集效应，可能最终对股权激励公允价值产生影响。

第三，尝试通过考察披露的股权激励公允价值与估计的股权激励公允价值（以估计的参数值进行 B-S 定价模型计算得到）之间是否产生差值，识别管理者自由裁量行为是否存在。经验证据表明，管理者存在对各参数值的自由裁量行为，并且由于参数值的自由裁量偏差，最终导致股权激励公允价值估计产生偏差，这进一步证明管理者存在对于股权激励公允价值估计的自由裁量行为，重要的是，这种自由裁量行为可能并非偶然。

股权激励公允价值估计中管理者自由裁量的行为动机

第四章实证研究发现，股权激励公允价值估计中管理者存在对各参数值的自由裁量行为，并且由于参数值的自由裁量偏差，最终导致股权激励公允价值估计产生偏差，在此基础上，本章将进而关注其背后的动机，具体地：（1）考察薪酬自利动机，拥有股权激励的管理者为顺利行权、获取最大化股权激励收益，有动机操控估计参数与估计模型低估股权激励公允价值及因此的费用，提高会计盈余。（2）为特定盈余管理目的（除薪酬自利，如避亏、降低资本成本、达到盈余预测基准等），管理者有动机充分利用股权激励公允价值估计中的自由裁量，低估股权激励费用或利用其调节会计盈余。（3）基于信息交流动机，研究管理者是否将其拥有的有关公司未来股利政策及经营与财务风险反映到参数估计中，降低公允价值估计的偏差程度。

第一节　问题的提出

近些年，在世界性会计组织的推动下，公允价值会计因预期有助于提高会计信息决策有用性而被广泛运用于世界各国会计实务中。已有研究发现，公允价值信息具有价值相关性（Song et al.，2010），但其可靠性饱受诟病（Dechow et al.，2010）。相比其他计量属性，公允价值尤其是非活跃市场环境下的公允价值估计因赋予管理者过大自由裁量，已成为上市公司盈余操纵的新手段（王守海等，2017；蔡利等，2018），严重影响会计信息质量。然而，囿于会计信息生产过程犹如一个"黑箱"，管理者会计估计中的自由裁量行为外界难以观察，这使得已有研究对这一"黑箱"的内部作用机理知之甚少。在公允价值估计中，管理者是否表现出明显的自由裁量行为（已于第四章实证考察)？其背后究竟存在何种行为动机？对公允价值估计的可靠性有什么影响？可能的约束机制又有什么？经验回答这些问题，对确保公允价值信息可靠性，增强我国资本市场信息供给质量至关重要。

理论上，公允价值估计中的管理者自由裁量可能存在两种不同的行为动机。一是机会主义动机，即管理者有动机为自身利益（如薪酬最大化）通过选择估值模型和估值参数操纵公允价值，这会降低信息可靠性（Aboody et al.，2006；Hodder et al.，2006；Bratten et al.，2016）。二是信息传递动机，表现为管理者会利用自由裁量将其拥有的公司内部私有信息（如公司特质风险信息）整合到公允价值估计中，这有助于提高估计的准确性（Hodder et al.，2006；Cheng and Smith，2013；Altamuro and Zhang，2013）。那么，管理者究竟哪种动机在公允价值估计中更占主导？国内文献较少略及。

作为非活跃市场环境下公允价值估计一项重要运用，股权激励公允价值估计为揭开其中的管理者自由裁量行为的"黑箱"，研究上述问题提供重要契机。对于公允价值在其他资产或负债的运用（如金融资产、商誉、贷款损失准备等），管理者往往直接列报公允价值估计的最终结果及对损益的影响。相比之下，股权激励公允价值估计有着相对较完善的信息披露。自2007年开始实施的《企业会计准则第11号——股份支付》，要求上市公司在报表附注中披露权益工具（股票期权和限制性股票）公允价值的确定方法。2008年9月16日，中国证监会下发《股权激励有关事项备忘录3号》作了进一步详细规定。股权激励公允价值估值模型和估值参数等估计过程信息披露，为我们观察管理者如何利用准则提供的自由裁量，估计股权激励的公允价值提供了重要的经验数据支撑。更为重要的是，公允价值估计的自由裁量可能已成为我国上市公司盈余管理的重要内容或手段。手工统计的数据显示，截至2017年底，我国A股上市公司股权激励费用占净利润的比重平均达7.05%；有近380家上市公司股权激励费用对当期净利润的影响在10%以上，已达到了对净利润产生重大影响的程度（吕长江和巩娜，2009）。这进一步凸显了研究我国资本市场上市公司管理者自由裁量行为动机的紧迫性与重要性。

鉴于此，本章利用手工收集的2006~2017年我国A股上市公司股权激励公允价值估计的表外披露信息，实证考察公允价值估计中的管理者自由裁量行为，并探究其背后的潜在动机。

第二节　理论分析与研究假设

公允价值估计中的管理者自由裁量行为因提高了利益相关者感知的信息风险而导致了真实的经济后果，尤其是对非活跃市场环境下的公允价值估计问题，如降低了信息价值相关性（Song et al.，2010）、加大了审计难度（Cannon and Bedard，2017）、提高了审计收费（蔡利等，2018；杨书怀，2018）、降低了分析师预测准确性（Magnan et al.，2015）。但是，管理者究竟如何运用自由裁量操控公允价值估计？背后动机是什么？仍然不清楚。作为非活跃市场环境下公允价值会计的一项运用——员工股权激励，为揭开这一"黑箱"提供了重要研究条件。

国外早期研究为股权激励公允价值表外信息披露对股价影响提供了初步的经验证据，并表明管理者有激励去操控股权激励公允价值估计的信息披露（Aboody et al.，2006；Aboody et al.，2004）。近些年，西方已有文献更多直接考察管理者如何运用自由裁量操控股权激励公允价值估计，但就其背后的动机存在争议。一方面，部分研究发现，管理者在预期期权有效期、预期波动率等估值参数，以及估值模型等选择中存在明显的机会主义动机（Aboody et al.，2006；Hodder et al.，2006；Bratten et al.，2016）。例如，伊尔麦克（1998）发现，管理者通过缩短预计期权寿命，显著低估股权激励公允价值。阿布迪等（2006）利用1996～2001年美国资本市场数据，研究发现预计期权寿命和预计估计股价波动率是管理者操控期权公允价值的主要对象，研究整体支持了管理者自由裁量对期权费用可靠性的负向影响，股权激励公允价值低估程度与经理股票期权薪酬费用和过度支付水平显著正相关，并且强的公司治理结构有助于缓解管理者这一机会主义行为。霍德等（2006）发现，管理者在决定股票期权估值模型参数时实施了相当的自由裁量，低估股票期权公允价值；但是，他们仅找到了管理者机会主义激励与公允价值相关自由裁量的弱相关关系。布拉滕等（2016）发现，从选择采用 B-S 模型变更为 Lattice 模型的公司管理者主要是为了低估股权激励费用而非是纠正估计中可能的偏差。陈等（2014）研究认为，由于 SFAS 123R 可能加大管理者操控 B-S 假设的激励，并因此导致更高的公司信贷风险。另一方面，部分研究发现，会计准则赋予管理者自由裁量有助于其在公允价值估计中整合内部私有信息，提高估计的准确性（Hodder et al.，2006）。霍德等（2006）发现，超过一半多的公司会高估公允价值，而不是低估，这与机会主义动机不一致。他们将这一结果解释为信息传递激励，即管理者会将其拥有的私有信息整合到股权激励的公允价值估计中，以提高估计的准确性。程和史密斯（2013）也找到类似证据，研究发现，在 SFAS 123R 确认管制环境下，有着更多股权激励授予的公司显著低估公允价值，但有着更低未来经营风险的公司股权激励公允价值估计准确性显著更高，研究认为，管理者运用股权激励公允价值估计中的自由裁量向市场传递有关公司未来风险的积极信号。

自 2005 年底我国证监会发布《上市公司股权激励管理办法（试行）》以来，我国越来越多的上市公司推出股权激励计划。然而，致力于降低经理代理成本的股权激励制度在我国却饱受争议。国内已有的大量研究表明，我国当前股权激励制度诱发了管理者自利动机的一系列机会主义行为，包括设计有利于自身的股权激励计划（辛宇和吕长江，2012），在实施中进行盈余管理（林大庞和苏冬蔚，2011）、离职套现（曹延求和张光利，2012）、风险承担（胡国强和盖地，2014）等。但是，较少研究考察股权激励公允价值估计中的机会主义行为。早期部分研究针对股票期权估值及其会计处理问题作了有益探讨（谢德仁和刘文，2002）。

与本书研究最为接近的国内文献是吕长江和巩娜（2009）的研究。他们通过对伊利进行案例研究，发现伊利公司的高管很有可能通过调整股权激励费用的摊销年限进行盈余管理，具体地，伊利高管在 2007 年将 75% 的股份激励费用全部进行确认，使得公司在熊市当中巨亏，形成"洗大澡"现象。

财政部会计司课题组（2011）对我国上市公司年报的统计发现，上市公司在使用期权定价模型进行定价时，主观因素对于模型选择和参数调整的影响较大。平静和陈朝晖（2014）随机选取了 2013 年深市主板、中小板和创业板共计 30 家推出激励计划的公司进行分析发现，仅有一半的公司在披露公允价值最终估值的同时，也披露涉及的估计参数，且在确定无风险利率、预计股价波动率等参数上存在非常大的差异，因此给上市公司进行盈余管理带来了空间。这些初步证据表明，股权激励公允价值估计及其费用摊销可能已成为我国上市公司管理者盈余管理的重要内容或手段。

一、管理者基于机会主义动机的自由裁量行为

就本书而言，管理者自由裁量是指其在公允价值估计中，管理者利用会计准则提供的自由选择空间，选择不同于历史经验和行业基准的估值模型和参数，以实现特定目的的一种会计选择行为。在不同的目的或动机驱动下，可能产生高估或低估公允价值，形成差异化的估计结果（Aboody et al.，2006；Hodder et al.，2006）。管理者机会主义和/或信息传递动机越强，在公允价值估计中施加自由裁量的程度就越大。

管理者出于机会主义动机会在公允价值估计中实施自由裁量。尽管大量研究考察管理者基于薪酬动机，机会主义地从事盈余管理行为，但是较少的研究考察管理者管理股权激励公允价值估计的机会主义行为。基于美国 SFAS 123 披露管制环境的经验研究显示，管理者出于机会主义动机，对股权激励公允价值估计参数的选择实施了相当的自由裁量（Aboody et al.，2006；Hodder et al.，2006）。这是由于股票价值是与企业经营业绩高度相关的，而净利润作为衡量企业业绩最为重要的指标之一，会直接受到股票期权费用的影响（Defond et al.，2018）。股权激励公允价值估计与其他应计项目相似，通过实施自由裁量行为能有效地缓解股票期权费用对公司业绩的负向影响，尤其是对于股票期权授予规模较大、授予频率较高的公司。但是，相比其他应计项目，股票期权公允价值在授予时一旦确定后续不需进行调整，对未来盈余不会产生"反转"影响，这为管理者自由裁量改变经营业绩提供了一种相对风险较低的办法（Cheng and Smith，2013）。因此，管理者可以通过股权激励的公允价值自由裁量（低估公允价值）提高公司短期收益增加股票估值，从而获得更高的个人利益。

此外，根据我国《企业会计准则第 11 号——股份支付》，上市公司必须在授予日估计公允价值，并将激励费用在等待期内进行摊销。这使得管理者至少在以下两方面可能机会主义地操控公允价值估计，进而达到盈余管理的目的。一方面，股权激励公允价值估计模型参数的选择直接影响激励费用总额，进而影响公司净利润。股票期权费用对净利润的影响越大，管理者操控股票期权公允价值的动机可能越强（Cheng and Smith，2013）。另一方面，股权激励公允价值行权模式的选择直接影响激励费用在各会计期间的分布，进

而影响各期会计盈余，尤其是当激励费用额较大的情况下。如果契约是基于确认的会计数字，那么股票期权费用的确认则将增加管理者机会主义报告的动机。基于此，提出假设 H(5 - 1)。

H(5 - 1)：股权激励公允价值估计的自由裁量程度与管理者机会主义动机相关。

二、管理者基于信息传递动机的自由裁量行为

基于斯彭思的信息传递理论与菲尔德等的会计选择信息动机观，部分学者提出管理者在公允价值估计中实施自由裁量是出于信息传递动机。尽管在非活跃市场环境下公允价值估计中，管理者可能机会主义地运用自由裁量实施有偏估计，但管理者也拥有非活跃市场的相对信息优势，并可能在公允价值估计输入值中整合其私有信息，进而产生更多决策有用的信息（Barth et al.，1996；Altamuro and Zhang，2013）。阿尔塔穆罗和张（2013）发现，相比第二层次公允价值，由于第三层次公允价值估计允许管理者利用自由裁量整合更多私有信息，其信息质量更高。类似地，股票期权估值参数选择的自由裁量也可能是提供给管理者向外部投资者传递其私有信息的方式之一（Hodder et al.，2006），包括管理者对未来公司经济条件的私有信息，如未来经营与财务风险。当管理者根据私有信息判断未来风险较高（较低）时，他们可以通过高估（低估）股票期权价值向市场传递未来风险的信号（Kuo et al.，2015）。较高（较低）的未来风险意味着额外的（减少的）贴现率，进而决定了较低的（较高的）当前股票价格，这表明管理者自由裁量所造成的股票期权公允价值估计与股票价格可能是负相关的。

此外，准则制定者也鼓励管理者在股票期权估计中实施自由裁量权去整合未来信息。例如，《美国财务会计准则第 123 号——基于股份的薪酬补偿的会计处理》修订版指出，企业在估计预计波动率时，应该考虑当前可获取的有关未来波动率的相关性。具体来说，当公司可能寻求传递有关未来波动性的信息时，管理者通过披露出高于（低于）历史或行业基准的波动性，以表明经营或融资风险的增加（降低）。此时，波动性的估计将会伴随着管理者自由裁量下的经营现金流或净利润的改变而变化（Hodder et al.，2006）。因此，我们预期管理者基于信息传递动机，会在自由裁量中通过参数选择将公

司可能面临的风险信息反映到公允价值估计中，以传递给市场信息使用者。基于此，提出假设 H(5 −2)。

H(5 −2)：股权激励公允价值估计的自由裁量程度与管理者信息传递动机相关。

第三节　研究设计

一、研究变量

（一）股权激励公允价值估计中的管理者自由裁量

如何有效测度管理者在股权激励公允价值估计中的自由裁量行为是本章研究的难点之一。在第四章已对此进行详尽阐述，因此，本章节部分仅做重点流程回顾，细节可参照第四章。借鉴霍德等（2006）的研究，将公允价值估计中的管理者自由裁量程度定义为公司披露的股权激励公允价值相比基于历史经验、行业基准及其他因素估计而得的公允价值之偏差。公允价值依据 Black-Scholes 期权定价模型（B-S 模型）计算。具体地，借鉴已有研究（Aboody et al.，2006；Bratten et al.，2016），我们首先对如下参数估计的基准模型（5.1）进行回归，并将回归得到的预测值作为估计参数的预计值。模型（5.1）中的 $Input\_R_{it}$ 为管理者披露的估计参数，$Input\_History_{it}$ 为同期限的历史参数，$Input\_Industry_{it}$ 为同行业同期披露的参数。估计参数分别包括预计股价波动率、无风险利率、期权有效期以及股利支付率。随后，将预计的基准参数值代入 B-S 模型（5.2）估算出股票期权的基准公允价值（FVB）。最后，将披露的股票期权公允价值（FVR）与股票期权的基准公允价值（FVB）之差除以披露的股票期权公允价值（FVR）作为管理者对股票期权公允价值估计的偏差程度（Dis）。负值的 Dis，表明管理者股权激励公允价值的低估程度；正值的 Dis，则表示高估程度。

$$Input\_R_{i,t} = \beta_0 + \beta_1 Input\_History_{i,t} + \beta_2 Input\_Industry_{i,t} + \varepsilon \qquad (5.1)$$

$$FVB = \left[Pe^{-dT}\Phi(Z) - Ee^{-rT}\Phi(Z - \sigma T^{(\frac{1}{2})}) \right] \qquad (5.2)$$

模型（5.2）中，$Z = \left[\ln(P/E) + T(r - d + \sigma^2/2) \right]/\sigma T^{(1/2)}$，$P$ 为期权授

予日的股票价格，E 为期权的行权价格，σ 为期权寿命期内的预计股价波动率，r 为期权有效期内的无风险利率，T 为预计期权有效期，d 为期权寿命期内的预计股利支付率，$\Phi(\cdot)$ 为标准正态分布的累计概率分布函数。

（二）管理者机会主义动机

从盈余管理与薪酬自利两方面检验管理者自由裁量的机会主义动机。一方面，股权激励公允价值估值大小通过股权激励费用直接影响会计盈余。因此，当公司盈利水平越弱、股权激励费用越大（对当期利润影响越大）时，管理者有越强烈的动机低估公允价值，增加盈余。借鉴阿布迪等（2006）、霍德等（2006）的研究，采用公司盈利水平（$Profit$）和股权激励费用（$EEIex\_AS$）予以检验，前者等于公司净利润除以权益市值，后者等于当期股权激励费用除以总资产。根据假设 H(5－1)，我们预期 Dis 与 $Profit$ 为显著正相关，而与 $EEIex\_AS$ 显著负相关。另一方面，管理者过度薪酬支付易受到资本市场参与者的指责。因此，出于薪酬自利的动机，管理者有更强烈动机操控股权激励公允价值估计，以缓解来自外界对于公司薪酬政策的批判。具体地，我们借鉴阿布迪等（2006）、伊尔麦克（1998）的研究方法，以未实现股权激励价值（$Top5\_EEI$）和过度薪酬支付（$Excess\_Comp$）度量管理者薪酬自利动机。其中，$Top5\_EEI$ 根据博格斯特雷瑟和菲利普（Bergstresser and Philippon，2006）模型，采用未行权激励股权价值占总薪酬比重最高的前五大高管的平均值计算。该值越大，则管理者更有动机调高未来期间会计盈余，以获取更大激励股权收益。借鉴贝克（Baker，1999）的研究，$Excess\_Comp$ 为年度 CEO 和董事长的薪酬与销售收入自然对数、账面市值比、总资产回报率、年度股票回报率和历史股价波动率的回归残差。该值反映管理者掩盖报告更大股票期权费用或集中摊销的机会主义。我们预期，$Top5\_EEI$ 和 $Excess\_Comp$ 均与 Dis 显著为负。

（三）管理者信息传递动机

对管理者信息传递动机的考察，借鉴霍德等（2006）的研究，从经营风险（CF_AS）、财务风险（$Debt\_AS$）与股利（$DivUp$）三方面度量。在 ESO 公允价值估计中，管理者可能有动机传递有关公司如下两方面的信息：一是有关公司潜在经营风险和财务风险信息。例如，管理者会基于当前所掌握的私有信息，就未来企业经营、并购以及其他投资活动对未来经营现金流或净利润波动的影响作出估计，这会影响 B-S 模型的预期波动性估计。管理者预期将改变公司财务杠杆率，这会影响企业未来财务风险，进而改变预期波动率的估计（Christie，1982）。CF_AS 为以本年度为基准的前后两年的经营现金流的标准差减去上年度为基准的前后两年的经营现金流的标准差，并除以总资产；$Debt\_AS$ 为资产负债率的当年变化除以上期资产负债率。二是有关公司未来股利支付的私有信息。类似地，管理者若预期未来将提高股利支付水平，则会相应提高 B-S 模型的预期股利支付率。$DivUp$ 为股利支付提高与否的哑变量，若年度每股股利大于等于上期的每股股利，则取值为 1；否则为 0。根据 B-S 期权定价模型，我们预期当企业预期经营风险和财务风险越大、股利支付水平越低时，管理者预期波动率越高、股利支付率越低，股权激励公允价值越大。即预期偏差 Dis 与 $DivUp$ 负相关、与 CF_AS 和 $Debt\_AS$ 正相关。

二、研究模型

为了检验上文研究假设，构建模型（5.3）检验股权激励公允价值估计自由裁量的行为动机。

$$Dis_{i,t} = \alpha_1 + \beta_1 Motives_{i,t-1} + \sum \beta Controls_{i,t-1} + \varepsilon \qquad (5.3)$$

模型（5.3）中，Dis 为股权激励公允价值估计偏差，反映管理者自由裁量程度；动机变量 $Motives$ 分别包含机会主义动机（盈余管理、薪酬自利）和信息传递动机变量。此外，在模型（5.3）中，控制了企业规模（$Size$）、历史波动率（Vol_his）、资产负债率（Lev）、销售增长率（$Gsales$）、经营现金流（CFO），以及行业和年度效应。变量定义如表 5 - 1 所示。

表 5 - 1　　　　　　　　　　　变量定义

变量名称	变量符号	变量定义
自由裁量	Dis	股票期权公允价值估计的偏差程度：（$FVR - FVB$）/FVR
盈余管理	$Profit$	净利润/公司市值
	$EEIex\_AS$	当期股权激励费用/总资产
	$Top5\_EEI$	未实现激励股权价值：未行权激励股权价值占总薪酬比重最高的前五大高管的平均值
薪酬自利	$Excess\_Comp$	过度薪酬支付：年度 CEO 和董事长的薪酬与销售收入自然对数、账面市值比、总资产回报率、年度股票回报率和历史股价波动率的回归残差

变量名称	变量符号	变量定义
信息传递	*DivUp*	股利支付：如果年度每股股利大于等于上期的每股股利，则取值为 1；否则为 0
	CF_AS	经营风险：（以本年度为基准的前后两年的经营现金流的标准差 − 上年度为基准的前后两年的经营现金流的标准差）/总资产
	Debt_AS	财务风险：（本年度资产负债率 − 上年度资产负债率）/上年度资产负债率
企业规模	*Size*	总资产的自然对数
资产负债率	*Lev*	总负债/总资产
历史波动率	*Vol_his*	以过去 12 个月计算的股票历史波动率
销售增长率	*Gsales*	（本年度营业收入 − 上年度营业收入）/上年度营业收入
经营现金流	*CFO*	经营性现金流净额/总资产

三、样本选择与数据来源

选取 2006 ~ 2017 年我国沪深两市 A 股实施股权激励的上市公司作为研究样本，并进行如下处理：（1）剔除了未披露股权激励公允价值估值参数的样本公司。（2）剔除在观测期内被 ST、*ST 等特殊处理的上市公司。（3）剔除在观测期内被 PT 和退市的公司。（4）剔除金融、保险类公司。（5）剔除当年成立的公司以及重要财务数据严重缺失的上市公司。最终，获得样本公司 439 家，共计 1390 个观测值。我们从上市公司财务报表附注和股权激励实施方案和授予公告中，手工收集了每家上市公司股票期权公允价值估计模型、估值参数，以及激励费用等相关数据。股权激励行权数量等数据来源于 Wind 数据库，其他数据均来自 CSMAR 数据库。为缓解异常值的可能影响，对连续变量按照上下 1% 的标准进行 Winsorize 处理。数据处理软件为 Stata 14。

第四节　实证结果与分析

一、描述性统计

表 5 - 2 报告了各变量的描述性统计。股权激励公允价值估计偏差 *Dis* 的

最大值和最小值相差较大，分别为 3.625 和 -11.23，标准差为 2.059，初步表明样本公司管理者在股权激励公允价值估计中存在明显的自由裁量行为。并且，均值和中位数分别为 -0.623 和 -0.099，即有超过一半的样本公司低估了公允价值，对于每一单位报告的公允价值而言，平均被低估 6.23%。这与霍德等（2006）基于欧美市场的研究略有不同，其统计结果显示有超过一半的样本公司会高估公允价值。反过来，这初步说明我国上市公司公允价值估计中的管理者自由裁量行为可能更多联系着机会主义动机；*Profit* 的均值为 0.288，表明样本公司的净利润平均占公司市值的 28.8%，取值区间为 -0.412 ~ 1.494，25% 分位数为 0.123，即有不足 1/4 的样本在取值年度中盈利为负；*EEIex_As* 的最大值和最小值相差较大（取值范围为 0 ~ 0.047），均值和中位数分别为 0.006 和 0.002，标准差为 0.009，说明不同样本公司间的股权激励费用存在较大差异，特别是，部分公司当期股权激励费用为 0，表明公司可能通过自主选择行权期，将费用计入特定年度；*Top5_EEI* 的均值为 0.030，即未行权的激励股权价值占总薪酬比重最高的前五位管理者平均为 3%，这在一定程度上影响了管理者的决策行为；*Excess_Comp* 的均值和中位数分别为 -0.002 和 -0.007，说明年度管理层的薪酬支付水平平均有所不足，且样本个体差异较大；此外，*CF_AS* 的均值为 -0.036，表明公司年度经营风险较之上一年平均下降 3.6%，且样本间差异较小；然而，公司的财务风险有所提升，*Debt_AS* 的均值和中位数分别为 0.017 和 0.014，即平均提升 1.7%，且最大值和最小值差异较大；*DivUp* 的均值为 0.468，即有 46.8% 的样本公司当期股利支付高于上一期。

表 5-2　　　　　　　　　　　　描述性统计

变量	N	均值	标准差	最小值	25% 分位	中位数	75% 分位	最大值
Dis	1390	-0.623	2.059	-11.23	-1.210	-0.099	0.493	3.625
Profit	1390	0.288	0.273	-0.412	0.123	0.232	0.377	1.494
EEIex_AS	1390	0.006	0.009	0	0	0.002	0.009	0.047
Top5_EEI	1390	0.030	0.041	0	0.003	0.016	0.037	0.203
Excess_Comp	1390	-0.002	0.079	-0.226	-0.040	-0.007	0.023	0.334
CF_AS	1390	-0.036	0.055	-0.333	-0.040	-0.022	-0.004	0.072

变量	N	均值	标准差	最小值	25%分位	中位数	75%分位	最大值
$Debt\_AS$	1390	0.017	0.085	-0.235	-0.024	0.014	0.0630	0.351
$DivUp$	1390	0.468	0.499	0	0	0	1	1
$Size$	1390	22.16	1.159	19.81	21.29	22.02	22.84	26.59
Vol_his	1390	0.343	0.123	0.192	0.234	0.319	0.432	0.582
CFO	1390	0.040	0.061	-0.283	0.004	0.036	0.073	0.480
Lev	1390	0.371	0.193	0.034	0.209	0.355	0.508	0.798
$Gsales$	1390	0.260	0.332	-0.432	0.0630	0.209	0.387	1.864

二、相关性分析

表 5-3 报告了股权激励公允价值估计中管理者自由裁量程度变量与潜在动机变量及其他控制变量的 Pearson 相关系数。在未控制其他因素的前提下，结果显示，无论是盈利能力 $Profit$、股权激励费用 $EEIex\_AS$、未实现股权激励价值 $Top5\_EEI$、过度薪酬支付 $Excess\_Comp$，还是经营风险 CF_AS、股利支付 $DivUp$，均与股权激励公允价值估计中管理者自由裁量程度 Dis 显著相关。其中，Dis 与 $Profit$ 的相关系数在 1% 统计水平下显著为正，Dis 与 $EEIex\_AS$ 的相关系数在 1% 统计水平下显著为负，表明当公司盈利水平越弱、股权激励费用越大（对当期利润影响越大）时，股权激励公允价值越被低估；Dis 与 $Top5\_EEI$、$Excess\_Comp$ 的相关系数为负，且均在 1% 水平下显著，说明管理层未实现股权激励价值越大、过度薪酬支付越多，股权激励公允价值估计偏离越为负，即被低估；此外，Dis 与 CF_AS 的相关系数在 5% 统计水平下显著为正，与 $DivUp$ 负相关，且在 5% 水平下显著，说明经营风险越大、股利支付水平越低时，管理者预期波动率越高、股利支付率越低，股权激励公允价值越大。

控制变量方面，Dis 与 $Size$ 和 Lev 均在 10% 统计水平下显著正相关，表明公司规模越大、负债率越高，股权激励公允价值越容易被高估；Dis 与 Vol_his 和 $Gsales$ 两个变量均在 1% 水平下显著为负，表明历史波动率越高、销售收入增长率越高，企业股权激励公允价值中管理者自由裁量偏离水平越为负，即被

表 5－3　股权激励公允价值估计中管理者自由裁量变量与动机变量及其他控制变量的相关系数

变量	Dis	Profit	EElex_AS	Top5_EEI	Excess_Comp	CF_AS	Debt_AS	DivUp	Size	Vol_his	CFO	Lev	Gsales
Dis	1												
Profit	0.088***	1											
EElex_AS	-0.194***	0.027	1										
Top5_EEI	-0.247***	0.102***	0.392***	1									
Excess_Comp	-0.139***	0.145***	0.065**	0.164***	1								
CF_AS	0.061**	-0.021	-0.045*	-0.020	0.014	1							
Debt_AS	-0.032	-0.103***	-0.021	-0.047*	-0.010	-0.094***	1						
DivUp	-0.057**	0.190***	-0.082***	-0.015	0.093***	0.029	-0.036	1					
Size	0.049*	0.521***	-0.072***	0.036	0.071***	-0.072***	-0.042	0.122***	1				
Vol_his	-0.107***	0.083***	0.109***	0.180***	-0.029	-0.071***	-0.068**	0.032	0.028	1			
CFO	-0.059**	0.126***	0.077***	0.065**	-0.008	0.107***	-0.077***	0.027	-0.068**	0.024	1		
Lev	0.049*	0.298***	-0.058**	0.077***	0.079***	-0.044*	-0.262***	0.099***	0.617***	0.089***	-0.176***	1	
Gsales	-0.132***	0.013	0.020	0.005	0.050*	-0.234***	0.199***	0.196***	0.059***	0.0350	-0.145***	-0.036	1

注：***、**、*分别表示在 1%、5%、10%水平上显著。

低估；*Dis* 与 *CFO* 在 5% 统计水平下显著负相关，表明企业经营现金流越大，越容易被低估。

三、回归结果分析

表 5 - 4 报告了管理者在股权激励公允价值估计中的自由裁量行为动机检验结果。（1）列与（2）列首先报告了基于盈余管理动机的检验结果。可见，*Profit* 的估计系数显著正，即公司盈利水平越差，*Dis* 越小，股权激励公允价值低估程度越大；*EEIex_AS* 的估计系数显著负，即公司股权激励费用对财务报表的影响越大，*Dis* 越小，公允价值低估程度越大。这表明管理者有盈余管理动机利用自由裁量操控公允价值估计。（3）列和（4）列报告的薪酬自利动机检验结果显示，*Top*5_*EEI* 和 *Excess_Comp* 的估计系数均为负，且均在 1% 的水平上显著。即当公司未实现股票期权价值越大、过度支付水平越高时，管理者低估股权激励公允价值程度越大，这与管理者薪酬自利动机一致，支持了研究假设 H1。对于信息传递动机，（5）列 ~（7）列显示，*CF_AS*、*Debt_AS* 和 *DivUp* 与 *Dis* 的系数皆不存在显著关系，这表明样本公司管理者在公允价值估计的自由裁量中没有明显的信息传递动机。这不同于霍德等（2006）、程和史密斯（2013）等基于欧美市场的研究支持信息传递动机结论，说明我国上市公司的管理者在公允价值估计中的自由裁量行为具有更强的机会主义动机，而信息传递动机较弱。

表 5 - 4　　　　管理者自由裁量行为动机检验：机会主义抑或信息传递

Y = *Dis*	机会主义动机				信息传递动机		
	（1）	（2）	（3）	（4）	（5）	（6）	（7）
Profit	0.669 *** (2.59)						
EEIex_AS		-0.308 *** (-3.04)					
*Top*5_*EEI*			-0.956 *** (-4.40)				
Excess_Comp				-0.309 *** (-2.88)			

续表

Y = Dis	机会主义动机				信息传递动机		
	（1）	（2）	（3）	（4）	（5）	（6）	（7）
CF_AS					0.295 (0.21)		
Debt_AS						−0.888 (−1.33)	
DivUp							−0.119 (−0.98)
Size	−0.366*** (−3.59)	−0.278*** (−2.87)	−0.281*** (−3.02)	−0.297*** (−3.12)	−0.307*** (−3.19)	−0.308*** (−3.21)	−0.304*** (−3.17)
vol_his	−1.111** (−2.07)	−1.051** (−1.98)	−0.789 (−1.50)	−1.229** (−2.27)	−1.127** (−2.09)	−1.156** (−2.15)	−1.123** (−2.07)
CFO	−1.549 (−1.37)	−0.910 (−0.85)	−0.952 (−0.88)	−1.179 (−1.09)	−1.117 (−1.03)	−1.191 (−1.10)	−1.051 (−0.98)
Lev	0.560 (1.28)	0.636 (1.38)	0.900** (2.01)	0.847* (1.92)	0.718 (1.61)	0.581 (1.25)	0.752 (1.64)
Gsales	−0.785*** (−3.95)	−0.764*** (−4.02)	−0.766*** (−3.95)	−0.734*** (−3.70)	−0.763*** (−3.87)	−0.734*** (−3.59)	−0.737*** (−3.57)
Constants	5.086*** (2.88)	4.137** (2.55)	4.539*** (2.75)	3.825** (2.40)	3.993** (2.40)	4.059** (2.45)	3.892** (2.35)
Indsutry	Yes	Yes	Yes	Yes	Yes	Yes	Yes
Year	Yes	Yes	Yes	Yes	Yes	Yes	Yes
N	1390	1390	1390	1390	1390	1390	1390
adj. R^2	0.146	0.159	0.173	0.155	0.141	0.142	0.142

注：括号内为经公司层面 Cluster 的 t 值；***、**、* 分别表示在 1%、5%、10% 水平上显著（双侧）。

四、内生性检验

考虑到上述实证结果可能存在样本自选择引起的内生性问题，采用 Heckman 两阶段法予以缓解。参照已有文献（戴璐和宋迪，2018；吴联生等，2010），选择前一期的净资产收益率（ROE）作为工具变量检验高管机会主义行为下的盈余管理动机；以经理人权利即董事长与 CEO 是否两职合一（CON）作为工具变量（IV）检验高管机会主义行为下的薪酬自利动机。表 5-5 报告的检验结果与上文基本一致。

表 5 - 5　　　　　　内生性检验：Heckman 两阶段回归结果

Y = Dis	IV = ROE		IV = CON	
	(1)	(2)	(3)	(4)
Profit	0. 774 ***			
	(2. 87)			
EEIex_AS		- 0. 302 ***		
		(-2. 96)		
Top5_EEI			- 0. 933 ***	
			(-4. 37)	
Excess_Comp				- 0. 310 ***
				(-2. 89)
lambda	0. 063 **	0. 020	- 2. 182	- 3. 832
	(2. 25)	(0. 73)	(-0. 75)	(-1. 26)
Size	- 0. 317 ***	- 0. 263 ***	- 0. 216 **	- 0. 182 *
	(-3. 28)	(-2. 83)	(-2. 30)	(-1. 86)
vol_his	- 1. 238 **	- 1. 101 **	- 1. 049	- 1. 672 **
	(-2. 28)	(-2. 03)	(-1. 50)	(-2. 31)
CFO	- 1. 143	- 0. 809	- 0. 926	- 1. 128
	(-1. 02)	(-0. 75)	(-0. 86)	(-1. 04)
Lev	0. 653	0. 680	- 0. 131	- 0. 955
	(1. 47)	(1. 43)	(-0. 10)	(-0. 71)
Gsales	- 0. 823 ***	- 0. 777 ***	- 0. 856 ***	- 0. 891 ***
	(-4. 04)	(-4. 02)	(-3. 65)	(-3. 67)
Year	Yes	Yes	Yes	Yes
Industry	Yes	Yes	Yes	Yes
N	1390	1390	1390	1390
adj. R^2	0. 149	0. 159	0. 174	0. 157

注：括号内为经公司层面 Cluster 的 t 值；*** 、 ** 、 * 分别表示在 1% 、5% 、10% 水平上显著（双侧）。

第五节　进一步研究

一、公司治理的差异检验

公司治理有助于协调公司各利益相关者之间的利益关系，以保证管理层决策的科学化，从而最终维护各方的利益（李维安和姜涛，2007）。公司治理对股权激励公允价值估计中的管理者机会主义行为的影响可能存在以下作用：首先，良好的公司治理有助于降低公允价值估计中管理者有目的的估计偏差。对股权激励公允价值估计，管理者拥有股权激励基本价值和估值模型、参数值的私有信息，这可能产生道德风险问题（Landsman，2006）。其次，良好的公司治理通过风险管理程序，有助于降低公允价值估计中管理者无目的的估计偏差（Bhat，2013）。有效的公司治理意味着良好的风险管理程序，并因此能提供给管理者高质量的数据和工具去估计公允价值，以最小化估计偏差（Bhat，2013）。最后，良好的公司治理有助于增强公允价值估计相关的信息披露质量。巴特（Bhat，2013）认为，公司治理的监督不仅限于会计数字，也同时会衍生到信息披露。公司治理结构能够约束管理者去采用最优的信息披露政策。因此，我们预期股权激励公允价值估计偏差中的机会主义动机主要存在于公司治理质量较差的样本公司。具体地，我们将独立董事比例作为公司治理水平的代理变量，并以其年度中位数分组对模型（5.3）进行检验。现有研究认为，中国上市公司的独立董事能够识别公司的盈余管理行为，改善公司内部治理机制（叶康涛等，2007）。独董比例越高，对机会主义行为的抑制越明显。表 5-6 报告的检验结果显示，所有机会主义动机变量均仅在独立董事比例较低样本公司显著。这表明，当公司治理水平较低时，管理者具有更强的盈余管理动机与薪酬自利动机，利用自由裁量操控公允价值估计，这进一步支持了管理者自由裁量的机会主义动机。

表 5-6　　　　不同公司治理水平下管理者自由裁量的机会主义动机差异检验

$Y = Dis$	独董比例较高组				独董比例较低组			
	（1）	（2）	（3）	（4）	（5）	（6）	（7）	（8）
Profit	0.81 * (1.81)				1.07 ** (2.36)			
EEIex_AS		−0.02 (−0.09)				−0.32 ** (−2.11)		
Top5_EEI			−0.79 (−1.08)				−1.02 ** (−2.04)	

续表

$Y = Dis$	独董比例较高组				独董比例较低组			
	（1）	（2）	（3）	（4）	（5）	（6）	（7）	（8）
Excess_Comp				－0.28 （－1.00）				－0.44** （－2.08）
Size	－0.432** （－2.12）	－0.349* （－1.82）	－0.363* （－1.93）	－0.355* （－1.90）	－0.44*** （－2.92）	－0.29** （－2.11）	－0.29** （－2.18）	－0.33** （－2.27）
vol_his	－0.969 （－1.20）	－0.924 （－1.11）	－0.838 （－0.99）	－1.310 （－1.63）	－1.712 （－1.49）	－1.640 （－1.43）	－1.183 （－1.18）	－1.693 （－1.47）
CFO	－3.547* （－1.88）	－2.606 （－1.52）	－2.786 （－1.54）	－3.020* （－1.78）	－0.040 （－0.02）	0.469 （0.26）	0.551 （0.31）	0.396 （0.22）
Lev	0.937 （1.14）	1.173 （1.30）	1.408 （1.62）	1.432* （1.66）	0.435 （0.66）	0.466 （0.70）	0.689 （1.05）	0.680 （1.06）
Gsales	－1.172*** （－3.34）	－1.128*** （－3.46）	－1.101*** （－3.09）	－1.127*** （－3.26）	－0.536* （－1.81）	－0.527* （－1.78）	－0.583* （－1.96）	－0.477 （－1.54）
Year	Yes	Yes	Yes	Yes	Yes	Yes	Yes	Yes
Industry	Yes	Yes	Yes	Yes	Yes	Yes	Yes	Yes
N	649	649	649	649	741	741	741	741
adj. R^2	0.103	0.109	0.117	0.102	0.136	0.147	0.140	0.145

注：括号内为经公司层面 Cluster 的 t 值；*** 、** 、* 分别表示在 1% 、5% 、10% 水平上显著（双侧）。

二、审计监管的差异检验

相比外部投资者关注会计信息的决策相关性，独立审计师更为关注会计信息的可靠性，尤其是具有较高估计不确定性的公允价值信息。作为保障会计信息质量的重要制度安排，独立审计师在抑制公允价值估计中管理者机会主义行为、提高公允价值信息可靠性中发挥重要作用（Christensen et al.，2014）。陈等（2014）发现，2008 年金融危机期间，审计师在抑制金融危机中管理者公允价值计量的偏差中发挥了重要作用。基于此，借鉴已有研究（吴水澎和李奇凤，2006），我们以是否审计师为"国际四大"或"国内十大"作为划分依据，将样本划分为强审计监管公司与弱审计监管公司，并预期由"国际四大"或"国内十大"审计的公司管理者股权激励公允价值估计

— 84 —

偏差越低。表 5 – 7 报告的结果与这一预期一致，显示机会主义动机变量对公允价值估计偏差的影响仅存在于弱审计监管样本公司。

表 5 – 7　　　　不同审计监管下管理者自由裁量的机会主义动机差异检验

Y = Dis	弱审计监管样本公司				强审计监管样本公司			
	(1)	(2)	(3)	(4)	(5)	(6)	(7)	(8)
Profit	0.82 *** (2.91)				0.39 (0.83)			
EEIex_AS		– 0.40 *** (– 3.49)				– 0.17 (– 1.01)		
Top5_EEI			– 0.73 *** (– 3.10)				– 0.32 (– 0.82)	
Excess_Comp				– 0.34 *** (– 2.62)				– 0.27 (– 0.99)
Size	– 0.28 ** (– 2.53)	– 0.13 (– 1.19)	– 0.51 *** (– 2.71)	– 0.49 ** (– 2.58)	– 0.52 ** (– 2.57)	– 0.49 ** (– 2.58)	– 0.13 (– 1.33)	– 0.18 * (– 1.66)
vol_his	– 0.597 (– 0.83)	– 0.471 (– 0.69)	– 1.138 (– 1.45)	– 1.503 * (– 1.94)	– 1.53 ** (– 2.00)	– 1.488 * (– 1.93)	– 0.391 (– 0.59)	– 0.790 (– 1.07)
CFO	– 2.534 (– 1.28)	– 1.661 (– 0.92)	– 0.195 (– 0.15)	– 0.345 (– 0.27)	– 0.588 (– 0.45)	– 0.212 (– 0.16)	– 1.753 (– 0.93)	– 2.034 (– 1.07)
Lev	– 0.082 (– 0.16)	0.012 (0.02)	1.379 * (1.89)	1.387 * (1.95)	1.123 (1.58)	1.173 (1.55)	0.314 (0.61)	0.233 (0.45)
Gsales	– 0.93 *** (– 3.05)	– 0.91 *** (– 3.18)	– 0.49 ** (– 2.42)	– 0.55 *** (– 2.62)	– 0.59 *** (– 2.74)	– 0.57 *** (– 2.73)	– 1.01 *** (– 3.35)	– 0.87 *** (– 2.85)
Year	Yes	Yes	Yes	Yes	Yes	Yes	Yes	Yes
Industry	Yes	Yes	Yes	Yes	Yes	Yes	Yes	Yes
N	613	613	613	613	777	777	777	777
adj. R^2	0.172	0.175	0.188	0.186	0.142	0.166	0.178	0.145

注：括号内为经公司层面 Cluster 的 t 值；*** 、 ** 、 * 分别表示在 1%、5%、10% 水平上显著（双侧）。

第六节　本章小结

本章基于我国上市公司股权激励公允价值估计表外信息披露的独特数据，实证考察公允价值估计中的管理者自由裁量行为的机会主义动机与信息传递动机。实证研究的主要结论如下。

第一，在股权激励公允价值估计中，管理者存在明显的自由裁量行为，导致公允价值普遍被低估。

第二，公司盈余管理动机（盈利水平越低、股票期权费用越大）和薪酬自利动机（未实现激励股权价值越大、过度薪酬支付越严重）越强，股权激励公允价值低估程度越大。但是，公司财务风险与经营风险以及股利支付与公允价值估计偏差没有显著相关关系。这说明，上市公司管理者在公允价值估计中实施自由裁量的信息传递动机不明显。

第三，进一步研究发现，当公司治理质量较低、外部审计监管较差时，管理者自由裁量的机会主义动机更占主导。

| 第六章 |

股权激励公允价值估计中管理者自由裁量行为的经济后果

在前两章研究的基础上，本章进而关注管理者股权激励公允价值估计中自由裁量行为的经济后果。第五章研究证实管理者在股权激励公允价值估计中的自由裁量偏差更多地源于个人利益考虑，相较于信息传递动机，机会主义动机更为明显。但是，从公允价值会计以及股权激励计划实施的目标来看，这无疑会对企业内部以及外部市场造成负面效应。因此，结合前两章的研究结论，本章将重点考察：(1) 自由裁量对企业内部会计信息质量的影响，具体地，对股权激励公允价值估计可靠性的影响。以事后的经验数据为基础，采用 B-S 模型估计的股票期权公允价值估计参数选择的自由裁量行为，测度其公允价值估计的可靠性，从机会主义动机与信息交流动机实证考察对其可靠性的影响，以验证管理者自由裁量是否最终影响会计信息可靠性。(2) 管理者自由裁量引起的外部市场反应，主要体现为股权激励公允价值估计信息的价值相关性。基于非活跃市场环境下公允价值确认与披露的理论文献 (Vergauwe and Gaeremynck, 2019; Chung et al., 2017; Müller et al., 2015; Blacconiere et al., 2011)，理论分析并实证考察市场投资者是否能够识别管理者自由裁量行为，并做出相应的市场反应。

第一节　问题的提出

会计信息作为公司契约各方面与资本市场联系的纽带和桥梁，是市场信息来源的主要方式之一（张先治和季侃，2012）。因此，公司的会计信息质量，在一定程度上决定了资本市场的有效性，直接影响市场的运行效率。在公允价值会计于世界范围内广泛推行的大背景下，其是否提高了会计信息质量受到越来越多的关注和讨论，特别是在金融危机对市场的冲击下尤为重要。公允价值会计的支持者认为，公允价值信息提高了会计信息的价值相关性，因为资产和负债反映了市场预期的最新变化（Barth，2006）；然而，批评者则认为，这种相关性的提高是以可靠性为代价，因为公允价值会计过于依赖管理者的判断（ABA，2009，2010；Johnson，2008）。这也是自 20 世纪 90 年代至今，公允价值计量在我国先后经历引入、废止、再引入的过程的原因，人们始终对引入公允价值会计是否会影响会计信息质量心存疑虑（吴秋生和田峰，2018）。但是，我国在坚持历史成本的基础上，再次适度、谨慎地引入了公允价值。并先后于 2014 年、2017 年，由财政部修订、发布《企业会计准则第 39 号——公允价值计量》《企业会计准则第 22 号——金融工具确认和计量》《企业会计准则第 23 号——金融资产转移》《会计准则第 24 号——套期会计》。准则进一步规范公允价值计量和披露，并按照公允价值估计过程中所涉及的输入参考值的获取方式将公允价值计量分为三个层次，即 Level Ⅰ市价计量、Level Ⅱ同类市价计量、Level Ⅲ可靠估值计量。不难看出，对于三个层次的区分，主要是基于市场的活跃程度以及估计资产或负债所涉及的估值的获取难度而制定的。在活跃市场环境下，银行投资证券的公允价值信息被证实具有价值相关性；然而，当资产或负债不存在活跃市场价值时，有关公允价值会计信息的价值相关性则得出混乱的结论（Barth，1994；Barth et al.，1996；Eccher et al.，1996；Nelson，1996；Carroll et al.，2003）。这些早期经验证据表明，公允价值会计信息具有价值相关性，但其相关性随信息来源的可靠性不同而不同。相比其他计量属性，公允价值尤其是非活跃市场环境下的公允价值估计因赋予管理者过大自由裁量，已成为上市公司盈余操纵的新手段（Dechow et al.，2010；王守海等，2017；蔡利等，2018），严重影响会计信息质量。然而，囿于会计信息生产过程犹如一个"黑箱"，管理者会计估计中的自由裁量行为外界难以观察，这使得已有研究对这一"黑箱"的内部作用机理知之甚少。

作为非活跃市场环境下公允价值的一项重要运用，股权激励公允价值估计为揭开其中的管理者自由裁量行为的"黑箱"，研究上述问题提供重要契机。对于公允价值在其他资产或负债的运用（如金融资产、商誉、贷款损失准备等），管理者往往直接列报公允价值估计的最终结果及对损益的影响。

相比之下，股权激励公允价值估计有着相对较完善的信息披露。自 2007 年开始实施的《企业会计准则第 11 号——股份支付》，要求上市公司在报表附注中披露权益工具（股票期权和限制性股票）公允价值的确定方法。2008 年 9 月 16 日，中国证监会下发《股权激励有关事项备忘录 3 号》作了进一步详细规定。股权激励公允价值估值模型和估值参数等估计过程信息披露，为我们观察管理者如何利用准则提供的自由裁量，估计股权激励的公允价值提供了重要的经验数据支撑。更为重要的是，公允价值估计的自由裁量可能已成为我国上市公司盈余管理的重要内容或手段。手工统计的数据显示，截至 2017 年底，我国 A 股上市公司股权激励费用占净利润的比重平均达 7.05%；有近 380 家上市公司股权激励费用对当期净利润的影响在 10% 以上，已达到了对净利润产生重大影响的程度（吕长江和巩娜，2009）。这进一步凸显了研究我国资本市场上市公司管理者自由裁量行为的经济后果（特别是对会计信息质量的影响）尤为重要。因此，本章将重点考察管理者股权激励公允价值估计的自由裁量是否会影响会计信息质量（可靠性），并且会引起怎样的市场反应（价值相关性）。

第二节 理论分析与研究假设

一、管理者自由裁量行为与公允价值信息可靠性

资产定价理论认为，管理层对具有风险和未来不确定收益索偿权的资产进行定价，其中模型、参数的选取使用都是为了如实反映出资产的价格，以便使用者作出合理的决策（Beaver，1968；Fama and French，1993；Black and Scholes，1973）。这意味着，以反映资产实际价值、提高使用者决策水平为目的的定价是合理的，换言之，以反映资产真实价值、提高值信息使用者决策水平的股权激励公允价值信息是可靠的。然而，如前文所述，管理者可能基于不同的动机进行股权激励公允价值估计。一方面，在管理层权力理论和代理理论下（Bebchuk et al.，2002；Jensen and Meckling，1976），管理者会利用自身权力和能力影响薪酬水平，进行私立攫取而忽视股东利益，从而导致他们在股权激励公允价值估计中，机会主义地选择不同的估值模型和参

数，以实现自利的目的。另一方面，斯彭思（1973）提出的信号传递理论认为，管理者往往掌握信息优势，可以通过多种形式整合私有信息，传递给其他信息使用者，从而改善信息不对称，这体现为管理层在公允价值估计中将例如企业经营风险、财务风险等信息整合至对参数、模型的选择中，从而使私有信息能够体现在价值中。因此，基于不同动机的管理者自由裁量行为可能会对信息可靠性有不同影响（Aboody et al.，2006；Hodder et al.，2006）。

约翰斯顿（2006）发现，管理者显著操控预计波动率，尤其是对自愿确认期权费用的公司，从而对公允价值信息可靠性产生影响。巴托夫等（2007）实证研究发现，管理者调整股价波动性会显著降低会计信息的可靠性。但是，他们的研究存在一个潜在的问题，即没有考虑到公允价值估值被高估或低估与可靠性之间的关系。换言之，现有研究缺乏对于管理者自由裁量行为动机导致的不同偏差程度（正负方向）对股权激励公允价值估计可靠性的影响。

理论上，若管理者基于机会主义动机进行公允价值估计的自由裁量，股权激励公允价值更可能被低估（已在第五章证实），此时，由于管理者以个人利益调整估计参数，且并未将对投资者决策有利的私有信息整合到估值过程中，最终造成估计的自由裁量偏差，降低会计信息可靠性。另外，若信息传递动机占主导，管理者可能将更多的高质量的私有信息（如未来经营与财务风险等）整合到估值中，并如实反映和传递给市场的投资者，因此，提升会计信息的可靠性。基于上述分析，提出假设 H（6-1）和 H（6-2）。

H（6-1）：管理者机会主义动机的自由裁量行为会降低股权激励公允价值信息的可靠性。

H（6-2）：管理者信息传递动机的自由裁量行为会提高股权激励公允价值信息的可靠性。

二、管理者自由裁量行为与公允价值信息相关性

尽管股权激励费用化处理的反对者认为，股权激励并不导致公司真实现金流的流出并可能不影响股价，但股权激励公允价值估计的偏差所导致的费用偏差在损益表中确认至少有三方面的后果：一是对公司股价造成了负面影响，尤其是当股权激励费用较高时，这表明股东财富发生了转移；二是持有股权激励的员工个人财富将减少，接受股权激励授予的员工将得到更少的授

予；三是盈余的减少间接增加包括债务融资、股权融资等在内的缔约成本。国外已有研究证实，在 2004 年美国 FASB 修订以要求上市公司在损益表中确认股票期权费用后，管理者往往采用会计和真实行动去降低股票期权费用，包括加速行权（Balsam et al.，2008；Choudhary et al.，2009）、减少股票期权薪酬（Brown and Lee，2011；Carter et al.，2007）。同时，在 SFAS 123、SFAS 123R 的征求意见过程中，因其要求确认股权激励费用，受到公司管理者的坚决反对与强烈干预，市场也因此作出了负面反应（Dechow et al.，1996）。不仅如此，投资者将股权激励费用视作公司的真实费用，反映在他们对公司的估值中（Aboody et al.，2004）。可见，投资者行为决策受到了公允价值估计的股权激励费用影响，尤其是对价值相关性具有真实的经济后果。

然而，投资者是否能够识别决定股权激励公允价值估计中的管理者自由裁量行为？抑或说，在不同管理层公允价值估计动机下的股权激励费用是否影响投资者投资决策，即影响价值相关性？一方面，由于股权激励公允价值估计的难以观察、估计的不确定性较高，这将大大加大投资者与公司管理者间的信息不对称程度，进而增加投资者的逆向选择、流动性风险与信息处理成本，所有这些必将降低投资者对公司的权益定价，增加公司的资本成本（Baiman and Verrecchia，1996）。即使在股权激励公允价值估计中不存在道德风险，这些影响依然可能存在。另一方面，当存在道德风险时，即管理者在股权激励公允价值估计中实施有目的的自由裁量，并因此产生有偏估计，若投资者无法识别这种偏差，那么将影响其对公司权益的估值的准确程度。此外，会计信息在监管管理者行为中发挥重要作用（Bushman and Smith，2001）。如果管理者低估股权激励公允价值及其费用，并影响公允价值信息的可靠性，那么，这些低质量的会计信息将降低投资者监管管理者行为的能力，这可能降低公司经营业绩和未来现金流（Song et al.，2010），从而反映在股价上。因此，股权激励公允价值估计的难以观察和较高的不确定性所形成的信息不对称，特别是当公允价值可靠性较低时，无疑会降低公允价值信息的决策有用性，影响投资者对公司权益定价的估值。这意味着，管理者的自由裁量行为即便具有价值相关性，但更可能对市场造成负面影响；反之，若公允价值信息可靠性较高时，投资者可能能够识别偏差，加强投资决策。综上，提出本章假设 H（6-3）和 H（6-4）。

H（6-3）：会计信息可靠性较低时，股权激励公允价值估计中的管理者自由裁量程度与会计信息的价值相关性显著负相关。

H（6-4）：会计信息可靠性较高时，股权激励公允价值估计中的管理者自由裁量程度与会计信息的价值相关性显著正相关。

第三节　研究设计

一、研究变量

（一）股权激励公允价值估计的可靠性

管理者进行公允价值估计的自由裁量以及偏离可能会受到同期指标影响（Hodder et al.，2006）。无论是市场参与者或是分析师都很难在不考虑公允价值估计可靠性的前提下，准确地识别管理者自由裁量。前文已证实不同的自由裁量动机会对公允价值产生差异化影响。具体来说，在机会主义动机下，管理层更偏向于低估股权激励公允价值；当股权激励公允价值被高估时，更可能信息传递动机占主导。这是因为，不同于其他应计盈余管理，无论是向上还是向下管理，都具有应计反转（Accruals-reversal）的特征，而公允价值估计操纵不具有此特征。对于基于估值参数选择的公允价值估计自由裁量问题，估值总额并不会因自由裁量而在后续进行调整，即公允价值估计的自由裁量及偏差并不导致费用在不同期间转移（Aboody et al.，2006）。同时，股权激励费用的估计偏差因无须未来期间的调整而提供给管理者更低成本的盈余管理工具（Cheng and Smith，2013）。因此，低估公允价值的公司更可能是机会主义动机占主导，从而降低股权激励公允价值估计可靠性。相反地，高估公允价值的公司更可能是信息传递动机占主导，提升可靠性，尽管高估使公司招致更高股权激励成本。

借鉴布朗（Brown，1997）和霍德等（2006），采用分析师预测准确性的度量方法构造了模型（6.1）估计股权激励公允价值估计的准确性。其中，$Accuracy\_Predicted\_FV$ 表示公允价值估计的可靠性；$Expost\_FV$ 为基于事后估计参数的实际值采用 B-S 模型计算得到的公允价值，股票价格和行权价取当年年末股票收盘价、波动率与股利支付率取事后实际值、期权有效期和无风险利率取公司实际披露值；*Reported_FV* 如前文所述，为披露的公允价值。我们将二者之差取绝对值并乘以负 1 作为公允价值的可靠性 *Accuracy*，其值越大代表准确性越高。

$$Accuracy_{i,t} = -1 \times |ExPost\_FV_{i,t} - Reported\_FV_{i,t}| \tag{6.1}$$

（二）股权激励公允价值估计的价值相关性

借鉴奥尔森模型的基本理论，检验管理者自由裁量与价值（*P*）的相关性。奥尔森（Ohlson，1995）的价格模型在关于会计信息价值相关性的研究中得到了广泛应用，众多学者认为价格模型要优于报酬模型，主要原因如下。

首先，如果市场中的投资者可以预见到会计盈余中的成分，并反映在期初的股价上，基于报酬模型的估算将会使盈余系数的估计为零（李姝和黄雯，2011）。相反，价格模型就不会产生这样的偏差，因为股价反映了会计盈余的累积影响（Kothair and Zimmerman，1995）。其次，相较于报酬模型仅单一估算会计信息的价值相关性，Ohlson 价格模型更为详细地揭示了公司股价是如何与会计盈余、净资产产生联系的，而会计信息的这两个成分会对股票定价产生不同影响。因此，Ohlson 的价格模型将会计信息有用性的评价范围从损益表延伸到了资产负债表（李姝和黄雯，2011），这也是本书与主流研究相同，采用价格模型研究股权激励公允价值的价值相关性的原因。具体的，采用的价格模型如下：

$$P_{i,t} = \beta_0 + \beta_1 \times BV_{i,t} + \beta_2 \times EPS_{i,t} + \varepsilon \tag{6.2}$$

二、研究模型

为了检验上文研究假设 H（6-1）和 H（6-2），构建模型（6.3）检验管理者股权激励公允价值估计中的自由裁量与会计信息可靠性的关系：

$$Accuracy_{i,t} = Lower \times (\beta_0 + \beta_1 \times Motives_{i,t-1}) + Higher \times (\beta_2 + \beta_3$$
$$\times Motives_{i,t-1}) + \beta_4 Controls_{i,t-1} + \varepsilon \tag{6.3}$$

模型（6.3）中，*Accuracy*$_{i,t}$ 为公司 *i* 在第 *t* 年的股权激励公允价值可靠性。动机变量 *Motives* 与前文一致，分别包含机会主义动机（盈余管理、薪酬自利）和信息传递动机变量。

为了揭示管理者基于不同行为动机的自由裁量权对公允价值可靠性的影响，借鉴霍德等（2006）的方法，建立两个指标变量度量管理者低估或高估（机会主义动机或信息传递动机）股权激励公允价值。具体地，当模型（6.1）中的 $Reported\_FV < ExPost\_FV$ 时，表明股权激励公允价值被低估（机会主义动机占主导），此时模型（6.3）中的 $Lower = 1$、$Higher = 0$；反之，当 $Reported\_FV > ExPost\_FV$ 时，表明公允价值被高估（信息传递动机主导），$Lower = 0$、$Higher = 1$。此外，在模型（6.3）中，控制了企业规模（$Size$）、资产负债率（Lev）、历史波动率（Vol_his）、销售增长率（$Gsales$）、经营现金流（CFO），以及行业和年度效应。变量的具体度量方式如表 6−1 所示。

表 6−1   变量定义

变量名称	变量符号	变量定义
可靠性	$Accuracy$	采用事后估计的公允价值（$ExPost\_FV$）与披露公允价值（$Reported\_FV$）之差的绝对值乘以 −1
价值相关性	P	选取每年 4 月 30 日的收盘价作为反映公司年报的股票价格
	BV	公司净资产/总股数
	EPS	公司净利润/总股数
自由裁量	Dis	股票期权公允价值估计的偏差程度：$(FVR - FVB) / FVR$
动机指标变量	$Lower$	当 $Reported\_FV < Expost\_FV$，取值为 1
	$Higher$	当 $Reported\_FV > Expost\_FV$，取值为 1
盈余管理	$Profit$	净利润/公司市值
	$EEIex\_AS$	当期股票期权费用/总资产
薪酬自利	$Top5\_EEI$	未实现激励股权价值：未行权激励股权价值占总薪酬比重最高的前五大高管的平均值
	$Excess\_Comp$	过度薪酬支付：年度 CEO 和董事长的薪酬与销售收入自然对数、账面市值比、总资产回报率、年度股票回报率和历史股价波动率的回归残差
信息传递	$DivUp$	股利支付：如果年度每股股利大于等于上期的每股股利，则取值为 1；否则为 0
	CF_AS	经营风险：（以本年度为基准的前后两年的经营现金流的标准差 − 上年度为基准的前后两年的经营现金流的标准差）/总资产
	$Debt\_AS$	财务风险：（本年度资产负债率 − 上年度资产负债率）/上年度资产负债率

续表

变量名称	变量符号	变量定义
企业规模	*Size*	总资产的自然对数
企业经营绩效	*ROA*	净利润/期末总资产
资产负债率	*Lev*	总负债/总资产
历史波动率	*Vol_his*	以过去 12 个月计算的股票历史波动率
销售增长率	*Gsales*	（本年度营业收入－上年度营业收入）/上年度营业收入
经营现金流	*CFO*	经营性现金流净额/总资产
公司上市年限	*Age*	公司上市年度的自然对数

在上述模型检验中，当股权激励公允价值被低估时，$Lower = 1$、$Higher = 0$，此时仅剩的低估样本，因管理者以个人利益调整估计参数，且并未将对投资者决策有利的私有信息整合到估值过程中，造成估计的自由裁量偏差，最终可能降低会计信息可靠性。反之，当股权激励公允价值被高估时，$Lower = 0$、$Higher = 1$，剩余的高估样本中，可能因管理者将更多的高质量的私有信息（如未来经营与财务风险等）整合到估值中，并如实反映和传递给市场的投资者，提升会计信息的可靠性。因此，本研究预期，管理者机会主义动机下自由量裁导致的公允价值低估会显著降低会计信息的可靠性，而信息传递动机导致的公允价值高估会显著提高会计信息的可靠性。

对于假设 H（6 - 3）、H（6 - 4）的检验，参考邓传洲（2005）、张先治和季侃（2012）、黄霖华和曲晓辉（2014）的方法，基于 Ohlson 价格模型建立如下模型：

$$P_{i,t} = \beta_0 + \beta_1 BV_{i,t-1} + \beta_2 EPS_{i,t-1} + \beta_3 Dis_{i,t-1} + \beta_4 EPS_{i,t-1}$$
$$\times Dis_{i,t-1} + \beta_5 Controls + \varepsilon \qquad (6.4)$$

其中，P 公司的年收盘价格，用以衡量价值相关性；BV 为公司的每股账面价值；EPS 为公司的每股净收益；Dis 为管理者公允价值估计的自由裁量偏差。此外，在模型（6.4）中，控制了企业规模（$Size$）、资产负债率（Lev）、经营绩效（ROA）、销售增长率（$Gsales$）、经营现金流（CFO）、公司上市年限（Age），以及行业和年度效应。变量的具体度量方式如表 6 - 1 所示。

结合前文理论分析，当以 Ohlson 价格模型检验时，预期公司的每股账面

价值 BV、每股净收益 EPS 与个股收盘价 P 正相关,而关键变量交互项 $EPS \times Dis$ 与 P 负相关。因为股权激励公允价值信息虽然被预期显著提高价值相关性,然而,估计的复杂性以及自由裁量行为产生的信息不对称程度使得外部投资者很难对公司实际情况做出正确的评价,进而造成自由裁量偏差对股价的干扰,特别是,基于机会主义动机的公允价值低估往往会使投资者形成对股价的乐观预期,因此,预期 $EPS \times Dis$ 应与 P 显著负相关,即自由裁量行为对投资者判断造成负面影响。

三、样本选择与数据来源

选取 2006 ~ 2017 年我国沪深两市 A 股实施股权激励的上市公司作为研究样本,并进行如下处理:(1)剔除了未披露股权激励公允价值估值参数的样本公司。(2)剔除在观测期内被 ST、*ST 等特殊处理的上市公司。(3)剔除在观测期内被 PT 和退市的公司。(4)剔除金融、保险类公司。(5)剔除当年成立的公司以及重要财务数据严重缺失的上市公司。最终,获得样本公司 439 家,共计 1390 个观测值。我们从上市公司财务报表附注和股票期权实施方案和授予公告中,手工收集了每家上市公司股票期权公允价值估计模型、估值参数,以及激励费用等相关数据。个股收盘价、个股回报率和股权激励行权数量等数据来源于 Wind 数据库,其他数据均来自于 CSMAR 数据库。为缓解异常值的可能影响,对连续变量按照上下 1% 的标准进行 Winsorize 处理。数据处理软件为 Stata 14。

第四节 实证结果与分析

一、描述性统计

表 6 - 2 报告了各变量的描述性统计。股权激励公允价值估计的可靠性 $Accuracy$ 的最小值和最大值相差较大,分别为 - 35.54 和 - 0.069,标准差为 6.325,初步表明样本公司管理者在股权激励公允价值估计中的自由裁量行为会对可靠性有差异化影响。并且,均值和中位数分别为 - 6.615 和 - 5.194,即有超过一半的样本公司可靠性低于均值,对每一单位报告的公允价值而言,

平均降低可靠性 18.61%。这与霍德等（2006）基于欧美市场的研究结果相似，其统计结果显示有超过一半的样本公司的公允价值可靠性低于均值。年收盘价 P 的均值和中位数分别为 19.45 和 15.52，最小值和最大值为 4.060 ~ 74.50。表明所选样本包含了不同规模的公司，且范围较广。每股账面价值 BV 和每股净收益 EPS 的取值范围分别是 0.187 ~ 24.94 和 - 0.418 ~ 2.040，均值和中位数分别为 2.921、0.457 和 2.329、0.371，结果与曲晓辉等（2017）、李虹和田马飞（2015）的描述性统计相似。

表 6 - 2　　　　　　　　　　　　　　描述性统计

变量	N	均值	标准差	最小值	25% 分位	中位数	75% 分位	最大值
$Accuracy$	1390	- 6.615	6.325	- 35.54	- 8.414	- 5.194	- 2.506	- 0.069
P	1390	19.45	13.23	4.060	10.08	15.52	24.53	74.50
BV	1390	2.921	2.332	0.187	1.426	2.329	3.602	24.94
EPS	1390	0.457	0.408	- 0.418	0.190	0.371	0.610	2.040
Dis	1390	- 0.623	2.059	- 11.23	- 1.210	- 0.099	0.493	3.625
$Profit$	1390	0.288	0.273	- 0.412	0.123	0.232	0.377	1.494
$EEIex\_AS$	1390	0.006	0.009	0	0	0.002	0.009	0.047
$Top5\_EEI$	1390	0.030	0.041	0	0.003	0.016	0.037	0.203
$Excess\_Comp$	1390	- 0.002	0.079	- 0.226	- 0.040	- 0.007	0.023	0.334
CF_AS	1390	- 0.036	0.055	- 0.333	- 0.040	- 0.022	- 0.004	0.072
$Debt\_AS$	1390	0.017	0.085	- 0.235	- 0.024	0.014	0.0630	0.351
$DivUp$	1390	0.468	0.499	0	0	0	1	1
$Size$	1390	22.16	1.159	19.81	21.29	22.02	22.84	26.95
Vol_his	1390	0.343	0.123	0.192	0.234	0.319	0.432	0.582
ROA	1390	0.623	0.441	- 0.631	0.353	0.570	0.847	2.089
CFO	1390	0.040	0.061	- 0.283	0.004	0.036	0.073	0.480
Lev	1390	0.371	0.193	0.034	0.209	0.355	0.508	0.798
$Gsales$	1390	0.260	0.332	- 0.432	0.063	0.209	0.387	1.864
Age	1390	2.425	0.386	1.386	2.197	2.303	2.639	3.367

二、相关性分析

表 6 - 3 是主要变量的 Pearson 相关系数。$Accuracy$ 与 Dis 显著正相关，表明

表6-3

主要变量的相关系数

变量	Accuracy	P	BV	EPS	Dis	Profit	EElex_AS	Top5_EEI	Excess_Comp	CF_AS	Debt_AS	DivUp
Accuracy	1											
P	-0.501***	1										
BV	-0.313***	0.625***	1									
EPS	-0.153***	0.387***	-0.035	1								
Dis	0.173***	-0.257***	-0.330***	-0.081***	1							
Profit	0.097***	-0.071***	-0.230***	0.578***	0.003	1						
EElex_AS	-0.152***	0.174***	0.202***	0.134***	-0.201***	-0.084***	1					
Top5_EEI	-0.102***	0.044*	-0.006	0.136***	-0.247***	-0.123***	0.363***	1				
Excess_Comp	-0.071***	0.0420	-0.107***	0.163***	-0.139***	-0.138***	0.059**	0.164***	1			
CF_AS	0.132***	-0.104***	-0.065*	-0.061*	0.052*	0.054	-0.064**	-0.009	0.026	1		
Debt_AS	0.055**	-0.020	-0.002	-0.104***	-0.039	0.093***	-0.026	-0.035	-0.015	-0.082***	1	
DivUp	0.001	0.123***	-0.047*	0.269***	-0.066**	-0.162***	-0.079***	-0.017	0.089***	0.032	-0.034	1

注：***、**、* 分别表示在1%、5%、10%水平上显著。

管理者自由裁量偏差可能显著影响可靠性，且同向变动；*Accuracy* 与盈利水平 *Profit*、股权激励费用 *EEIex_AS* 相关性分别为正和负，且均在 1% 统计水平上显著，初步表明管理者盈余管理动机会降低公允价值信息可靠性；相似地，*Accuracy* 与 *Top5_EEI* 和 *Excess_Comp* 相关系数显著为负，说明管理层薪酬自利动机会导致公允价值可靠性的降低；而 *Accuracy* 与信息传递动机的代理变量皆为正相关，但其中仅有经营风险 *CF_AS* 和财务风险 *Debt_AS* 分别在 1% 和 5% 统计水平上显著。此外，*P* 和 *BV*、*EPS* 显著正相关，与 *Dis* 显著负相关，说明管理者自由裁量程度可能显著负向影响股票价格。

三、回归结果分析

表 6 – 4 报告了管理者在股权激励公允价值估计中自由裁量行为动机与会计信息可靠性关系的检验结果。Panel A 显示，当 *Lower* = 1 且 *Upper* = 0 时，即管理者基于机会主义动机低估股权激励公允价值时，管理者的盈余和薪酬变量与估计可靠性显著负相关（除 *Profit* 为正），而信息传递变量与可靠性无显著关系。这表明当管理层存在机会主义动机时，公允价值更容易被低估，且会降低公允价值估计的可靠性。这一结果支持了研究假设 H（6 – 1）。然而，Panel B 显示，当 *Upper* = 1 且 *Lower* = 0 时，即管理者基于信息传递动机高估股权激励公允价值时，管理者的盈余管理和薪酬自利变量都不再显著，而信息传递动机中的 *CF_AS* 和 *Debt_AS* 系数为正且分别在 1% 水平上显著，说明当信息传递动机占主导时，管理者自由裁量能够提高公允价值估计的可靠性。这一结果与假设 H（6 – 2）一致。

表 6 – 4　　　管理者自由裁量对股权激励公允价值估计可靠性的影响

Panel A：股权激励公允价值低估样本组（*Lower* = 1）							
Y = *Accuracy*	机会主义动机				信息传递动机		
	（1）	（2）	（3）	（4）	（5）	（6）	（7）
Profit	4. 583 ***						
	(2. 75)						
EEIex_AS		– 1. 157 ***					
		（– 3. 72）					

Panel A：股权激励公允价值低估样本组（Lower = 1）

Y = Accuracy	机会主义动机				信息传递动机		
	(1)	(2)	(3)	(4)	(5)	(6)	(7)
Top5_EEI			− 1. 716 *** (− 2. 89)				
Excess_Comp				− 0. 572 *** (− 2. 60)			
CF_AS					4. 947 (0. 98)		
Debt_AS						− 3. 053 (− 1. 30)	
DivUp							0. 235 (0. 61)
Size	0. 407 * (1. 69)	0. 326 (1. 32)	0. 132 (0. 51)	0. 082 (0. 31)	0. 115 (0. 43)	0. 093 (0. 36)	0. 083 (0. 32)
vol_his	− 0. 105 *** (− 5. 61)	− 0. 111 *** (− 5. 62)	− 0. 105 *** (− 5. 45)	− 0. 111 *** (− 5. 51)	− 0. 109 *** (− 5. 41)	− 0. 112 *** (− 5. 53)	− 0. 111 *** (− 5. 45)
CFO	0. 561 * (1. 72)	0. 299 (0. 99)	0. 362 (1. 22)	0. 270 (0. 84)	0. 238 (0. 77)	0. 244 (0. 80)	0. 271 (0. 87)
Lev	0. 221 (1. 51)	0. 118 (0. 88)	0. 195 (1. 41)	0. 201 (1. 44)	0. 151 (1. 08)	0. 097 (0. 64)	0. 144 (0. 99)
Gsales	− 0. 600 (− 1. 05)	− 0. 648 (− 1. 28)	− 0. 614 (− 1. 10)	− 0. 587 (− 1. 00)	− 0. 447 (− 0. 74)	− 0. 537 (− 0. 93)	− 0. 716 (− 1. 21)
Controls	Yes	Yes	Yes	Yes	Yes	Yes	Yes
Industry	Yes	Yes	Yes	Yes	Yes	Yes	Yes
Year	Yes	Yes	Yes	Yes	Yes	Yes	Yes
N	745	745	745	745	745	745	745
adj. R^2	0. 172	0. 180	0. 154	0. 138	0. 131	0. 131	0. 129

Panel B：股权激励公允价值高估样本组（Upper = 1）

Y = Accuracy	机会主义动机				信息传递动机		
	(1)	(2)	(3)	(4)	(5)	(6)	(7)
Profit	2. 384 (1. 51)						
EEIex_AS		− 0. 651 (− 1. 55)					

续表

Panel B：股权激励公允价值高估样本组（*Upper* = 1）

Y = Accuracy	机会主义动机				信息传递动机		
	（1）	（2）	（3）	（4）	（5）	（6）	（7）
Top5_EEI			−1.711 （−0.92）				
Excess_Comp				−0.470 （−0.86）			
CF_AS					22.253 *** （3.04）		
Debt_AS						12.246 *** （2.74）	
DivUp							0.371 （0.63）
Size	−0.941 * （−1.81）	−1.197 ** （−2.36）	−1.147 ** （−2.30）	−1.138 ** （−2.25）	−1.069 ** （−2.11）	−1.237 ** （−2.45）	−1.205 ** （−2.35）
vol_his	0.017 （0.57）	0.021 （0.66）	0.024 （0.75）	0.016 （0.53）	0.016 （0.54）	0.019 （0.62）	0.018 （0.60）
CFO	−0.332 （−0.50）	−0.505 （−0.78）	−0.648 （−1.03）	−0.638 （−1.00）	−0.676 （−1.05）	−0.427 （−0.71）	−0.612 （−0.96）
Lev	0.462 * （1.88）	0.371 （1.53）	0.423 * （1.74）	0.398 * （1.66）	0.416 * （1.74）	0.544 ** （2.25）	0.391 （1.63）
Gsales	−0.123 （−1.24）	−0.140 （−1.42）	−0.154 （−1.57）	−0.141 （−1.38）	−0.071 （−0.74）	−0.198 * （−1.84）	−0.150 （−1.42）
Industry	Yes	Yes	Yes	Yes	Yes	Yes	Yes
Year	Yes	Yes	Yes	Yes	Yes	Yes	Yes
N	645	645	645	645	645	645	645
adj. R^2	0.086	0.085	0.074	0.072	0.092	0.084	0.070

注：括号内为经公司层面 Cluster 的 t 值； *** 、 ** 、 * 分别表示在 1% 、 5% 、 10% 水平上显著（双侧）。

表 6-5 报告了模型（6.4）的回归结果。（1）列和（2）列是基于 Ohlson 的价格模型进行全样本检验，（2）列增加了部分控制变量，回归结果显示，交乘项 *EPS × Dis* 的系数皆为负，且在 1% 水平上显著。表明管理者在公允价值估计中的自由裁量程度与股价显著负相关。（3）列 ~（6）列为检验在不同股权激励公允价值可靠性下，管理者自由裁量与价值相关性的关系。同样基

于 Ohlson 价格模型，（4）列和（6）列为增加控制变量的回归结果。结果显示，交乘项 $EPS \times Dis$ 的仅在可靠性较低的样本系数为负，且在 5% 水平上显著。这表明当公允价值信息可靠性较低时，股权激励公允价值估计中的管理者自由裁量程度与股价显著负相关。换言之，在非活跃的市场环境下，市场投资者在不可靠的会计信息下无法准确识别管理者的自由裁量行为，机会主义动机下的公允价值低估造成了投资者的乐观预期，因此呈现出负面的市场反应。假设 H（6-3）得到支持。但是，交乘项 $EPS \times Dis$ 在可靠性较高的组间没有显著关系，无法支持假设 H（6-4）。

表 6-5　　　　管理者自由裁量对股权激励公允价值估计价值相关性的影响

$Y = P$	全样本回归		可靠性较低样本		可靠性较高样本	
	（1）	（2）	（3）	（4）	（5）	（6）
Dis	0.769 ***	0.688 ***	0.741	0.683 *	-0.414	-0.039
	(3.10)	(3.11)	(1.61)	(1.67)	(-0.66)	(-0.06)
BV	3.097 ***	3.086 ***	3.185 ***	3.322 ***	2.895 ***	2.691 ***
	(9.61)	(7.34)	(10.59)	(8.73)	(6.55)	(5.12)
EPS	13.444 ***	15.284 ***	13.620 ***	15.652 ***	13.010 ***	14.832 ***
	(12.13)	(10.43)	(6.58)	(7.29)	(8.16)	(7.02)
$EPS \times Dis$	-1.683 ***	-1.834 ***	-1.659 **	-1.770 **	-1.383	-1.029
	(-3.64)	(-4.27)	(-2.08)	(-2.42)	(-1.41)	(-1.12)
Size		-0.359		-0.161		-0.898
		(-0.73)		(-0.29)		(-1.31)
ROA		-0.299 ***		-0.368 ***		-0.247 **
		(-2.88)		(-2.70)		(-2.06)
CFO		-1.028 **		-1.428 **		-0.830
		(-2.04)		(-2.24)		(-1.29)
Lev		0.569 **		0.801 ***		0.310
		(2.52)		(2.71)		(0.98)
Gsales		0.057		0.077		0.065
		(0.54)		(0.59)		(0.45)
Age		-5.966 ***		-6.128 ***		-4.917 ***
		(-5.68)		(-4.55)		(-3.66)

续表

$Y = P$	全样本回归		可靠性较低样本		可靠性较高样本	
	（1）	（2）	（3）	（4）	（5）	（6）
Constants	9. 739 **	31. 895 ***	4. 026	17. 400	8. 115 **	42. 679 ***
	(2. 48)	(2. 79)	(0. 75)	(1. 23)	(2. 38)	(2. 77)
Year	Yes	Yes	Yes	Yes	Yes	Yes
Industry	Yes	Yes	Yes	Yes	Yes	Yes
N	1390	1390	721	721	669	669
adj. R^2	0. 604	0. 640	0. 621	0. 664	0. 568	0. 598

注：括号内为经公司层面 Cluster 的 t 值；*** 、 ** 、 * 分别表示在 1%、5%、10% 水平上显著（双侧）。

四、稳健性检验

（一）采用偏差绝对值度量可靠性

借鉴肖德哈瑞（2011）的研究方法，以模型 $Dis_{i,t} = [FVR_{i,t} - FVB_{i,t}]/FVR_{i,t}$ 计算得到的绝对值代表公允价值估计的可靠性（$Accuracy\_Abs$），重行执行上述模型（6.3）检验，管理者自由裁量（在不同动机下）对公允价值的可靠性的影响。回归结果如表 6 - 6 所示，基本与前文一致，仅有低估样本组中的 $Profit$ 与 $Accuracy\_Abs$ 之间不再显著，但高估样本组中的 $DivUp$ 与 $Accuracy\_Abs$ 负相关，且在 1% 水平上显著，假设 H（6-1）、H（6-2）依然成立。

表 6 - 6　　　　　　　稳健性检验：采用偏差绝对值度量可靠性

Panel A：股权激励公允价值低估样本组（Lower = 1）

$Y =$ Accuracy_Abs	机会主义动机				信息传递动机		
	（1）	（2）	（3）	（4）	（5）	（6）	（7）
Profit	- 0. 226						
	(- 0. 40)						
EEIex_AS		- 0. 390 ***					
		(- 3. 16)					
Top5_EEI			- 0. 778 ***				
			(- 3. 23)				

Panel A：股权激励公允价值低估样本组（Lower = 1）

Y = Accuracy_Abs	机会主义动机				信息传递动机		
	(1)	(2)	(3)	(4)	(5)	(6)	(7)
Excess_Comp				-0.304** (-2.36)			
CF_AS					-0.441 (-0.22)		
Debt_AS						-0.866 (-1.02)	
DivUp							0.178 (1.02)
Size	-0.331** (-2.50)	-0.268** (-2.08)	-0.328** (-2.56)	-0.352*** (-2.71)	-0.349*** (-2.68)	-0.346*** (-2.65)	-0.354*** (-2.68)
vol_his	-1.347* (-1.84)	-1.411* (-1.89)	-1.135 (-1.57)	-1.392* (-1.83)	-1.377* (-1.81)	-1.413* (-1.87)	-1.401* (-1.85)
CFO	-0.086 (-0.60)	-0.094 (-0.65)	-0.063 (-0.43)	-0.105 (-0.71)	-0.096 (-0.66)	-0.110 (-0.75)	-0.107 (-0.74)
Lev	0.068 (1.05)	0.053 (0.85)	0.084 (1.38)	0.090 (1.49)	0.065 (1.05)	0.049 (0.74)	0.059 (0.92)
Gsales	-0.062* (-1.94)	-0.061** (-2.06)	-0.060* (-1.88)	-0.058* (-1.83)	-0.064* (-1.97)	-0.058* (-1.82)	-0.066** (-2.07)
Constants	4.090* (1.80)	4.095* (1.91)	5.317** (2.35)	4.458** (2.03)	4.355* (1.95)	4.285* (1.90)	4.443* (1.96)
Controls	Yes	Yes	Yes	Yes	Yes	Yes	Yes
Industry	Yes	Yes	Yes	Yes	Yes	Yes	Yes
Year	Yes	Yes	Yes	Yes	Yes	Yes	Yes
N	745	745	745	745	745	745	745
adj. R^2	0.145	0.172	0.169	0.157	0.145	0.146	0.146

Panel B：股权激励公允价值高估样本组（Upper = 1）

Y = Accuracy_Abs	机会主义动机				信息传递动机		
	(1)	(2)	(3)	(4)	(5)	(6)	(7)
Profit	-0.024 (-0.17)						

续表

Panel B：股权激励公允价值高估样本组（Upper = 1）

Y = Accuracy_Abs	机会主义动机				信息传递动机		
	（1）	（2）	（3）	（4）	（5）	（6）	（7）
EEIex_AS		−0.008 （−0.26）					
Top5_EEI			0.411 ** （2.05）				
Excess_Comp				−0.014 （−0.15）			
CF_AS					1.386 ** （2.06）		
Debt_AS						0.099 （0.29）	
DivUp							−0.148 *** （−3.06）
Size	0.050 （0.97）	0.048 （0.91）	0.038 （0.79）	0.049 （1.01）	0.041 （0.78）	0.048 （0.91）	0.055 （1.05）
vol_his	0.421 （1.29）	0.424 （1.29）	0.292 （0.90）	0.414 （1.26）	0.437 （1.33）	0.422 （1.29）	0.426 （1.31）
CFO	−0.013 （−0.21）	−0.014 （−0.23）	−0.005 （−0.09）	−0.016 （−0.27）	−0.011 （−0.18）	−0.014 （−0.23）	−0.013 （−0.21）
Lev	0.027 （1.27）	0.027 （1.21）	0.021 （0.94）	0.027 （1.24）	0.026 （1.18）	0.028 （1.32）	0.030 （1.37）
Gsales	−0.025 *** （−3.50）	−0.025 *** （−3.54）	−0.021 *** （−3.32）	−0.025 *** （−3.56）	−0.029 *** （−3.91）	−0.025 *** （−3.34）	−0.021 *** （−2.90）
Constants	0.284 （0.32）	0.329 （0.37）	0.534 （0.62）	0.307 （0.36）	0.324 （0.37）	0.304 （0.33）	0.287 （0.32）
Industry	Yes	Yes	Yes	Yes	Yes	Yes	Yes
Year	Yes	Yes	Yes	Yes	Yes	Yes	Yes
N	645	645	645	645	645	645	645
adj. R^2	0.035	0.036	0.066	0.036	0.046	0.036	0.046

注：括号内为经公司层面 Cluster 的 t 值；*** 、** 、* 分别表示在 1%、5%、10% 水平上显著（双侧）。

（二）基于收益模型的检验

如上文所述，对于会计信息的价值相关性，现有研究主要采用两大模型：价格模型和收益模型。价格模型（pricing model）是以股票价格为因变量研究股价与会计盈余、净资产账面价值的相关性；收益模型（return model）则以股票收益率为因变量，研究股票收益与会计盈余及其变动之间的关系。两者都是源于未来预期现金流折现这一标准估值模型，并且都是基于当期会计盈余包含预期未来现金流信息的这一假设。因此，借鉴邓传洲（2005）；黄霖华和曲晓辉（2014）的方法，采用收益模型进行稳健性检验。

收益模型为：$Ret_{i,t} = \beta_0 + \beta_1 \times E_{i,t}/P_{i,t-1} + \beta_2 \times \Delta E_{i,t}/P_{i,t-1} + \varepsilon_{i,t}$ 其中，Ret 为股票收益率；ΔE 为公司 t 年与 $t-1$ 年的净收益之差，也就是公司第 t 年的会计收益变化额。以 E 代表 $E_{i,t}/P_{i,t-1}$；以 $Echange$ 代表 $\Delta E_{i,t}/P_{i,t-1}$。重新检验后，结论保持不变，如表 6-7 所示。

表 6-7　　　　稳健性检验：以收益模型检验自由裁量对价值相关性的影响

$Y = Ret$	全样本回归		可靠性较低样本		可靠性较高样本	
	（1）	（2）	（3）	（4）	（5）	（6）
Dis	-0.784***	-0.781***	-0.828***	-0.835***	-0.510**	-0.310
	(-6.24)	(-6.08)	(-4.53)	(-4.57)	(-2.23)	(-1.24)
E	0.001	0.001	0.001*	0.001	-0.001	0.001
	(0.70)	(1.18)	(1.86)	(1.23)	(-1.30)	(0.19)
Echange	0.001***	0.001***	0.001	0.001	0.001	-0.001
	(3.82)	(4.01)	(0.63)	(0.65)	(0.06)	(-0.06)
Echange×Dis	-0.001***	-0.001***	-0.001**	-0.001**	-0.001	-0.001
	(-4.59)	(-4.53)	(-2.52)	(-2.31)	(-0.22)	(-0.07)
Size		-0.127		0.108		-0.502*
		(-0.58)		(0.30)		(-1.87)
ROA		-0.107***		-0.086		-0.144**
		(-2.67)		(-1.44)		(-2.51)
CFO		0.337		-0.098		0.905***
		(1.32)		(-0.29)		(2.83)
Lev		0.144		0.216		0.096
		(1.23)		(1.22)		(0.65)

$Y = Ret$	全样本回归		可靠性较低样本		可靠性较高样本	
	（1）	（2）	（3）	（4）	（5）	（6）
Gsales		0.192 ***		0.162 **		0.206 ***
		(3.76)		(2.25)		(3.55)
Age		− 1.462 ***		− 1.978 ***		− 0.790
		(− 2.99)		(− 2.76)		(− 1.21)
Constants	1.101 ***	1.687 ***	1.121 ***	1.209	− 0.605 ***	0.721
	(2.92)	(3.08)	(2.88)	(1.51)	(− 2.71)	(1.30)
Year	Yes	Yes	Yes	Yes	Yes	Yes
Industry	Yes	Yes	Yes	Yes	Yes	Yes
N	1390	1390	745	745	645	645
adj. R^2	0.472	0.485	0.478	0.488	0.391	0.418

注：括号内为经公司层面 Cluster 的 t 值；*** 、 ** 、 * 分别表示在1%、5%、10%水平上显著（双侧）。

第五节　报表附注信息质量的进一步研究

股权激励公允价值估计的报表附注信息披露是否有助于提高估计的可靠性，具有决策有用性？到目前，仍是一个有待检验的重要经验命题（Clor-Proell et al.，2014）。在原则为导向（principles-based）的会计概念框架里（如国际会计准则），会计准则并不试图提供细节指导，而是赋予公司一定自由裁量空间，以提高会计信息的决策有用性。因此，提供有关会计选择相关的假设和决策的信息，对市场投资者至关重要（Barth et al.，2008）。正如国际审计与鉴证准则理事会指出："财务报表信息披露从提供事项的简单排列到更多细节披露，包括估计不确定性的来源和替代计量方法、假设、模型"。有关公允价值估计过程的更多信息披露被预期能显著降低信息不对称程度，并直接或间接地提高公允价值信息的可靠性（Vergauwe and Gaeremynck，2019）。首先，更多信息披露降低了公司内外部的信息不对称，以及逆向选择与估计风险，提高可靠性。例如，详尽披露有关股权激励公允价值估计模型、参数选择及依据等信息。其次，由于股权激励公允价值估计的难以观察，公司内部人拥有估计相关的私有信息，因此，这可能导致内部人的道德风险问题。更多信息披露有助于缓解内部人通过从事估计模型、估计参数等自由选择去获取私利（Shleifer and Vishny，1986）。更为重要的是，在我国，《企业会计准则第11号——股份支付》仅要求企业在附注中披露与股份支付有关的信息，包括权益工具公允价值的确定方法，以及当期以权益结算的股份支付确认的费用总额及其对当期财务状况和经营成果影响。然而在实务中，这些报表附注披露信息的可读性相当低。本研究的统计数据显示，截至2017年底，我国资本市场上市公司的股权激励计划中有80.96%披露了股权激励公允价值估计的方法；然而，对于披露采用估值模型的股权激励计划中，仅有不足1/5的公司详细披露了公允价值估计的过程，其他公司仅披露部分内容。此外，我国财政部发布的《2013年上市公司年报会计监管报告》对上市公司股份支付信息披露的不充分性给予了相当关注，且随后在《2018年上市公司年报会计监管报告》中，再次将股份支付作为亟待解决的重点问题。这一方面凸显了我国股权激励公允价值信息披露的现状；另一方面，这些差异也为研究不同信息披露质量对公允价值估计可靠性及其市场反映影响研究提供机会。综上，本书尝试考察附注信息披露质量是否有助于提高股权激励公允价值估计的可靠性；且是否具有价值相关性，能够缓解市场投资者对管理者自由裁量行为的负面市场反应。

具体地，从信息可读性视角测度管理者在股权激励公允价值估计信息披露中的自由裁量行为。借鉴财务报告可读性文献的研究设计（Loughran and McDonald，2014；Laksmana et al.，2012；Li，2008），采用"模糊指数"（obfuscation index，Ob_Info）与信息长度（$Lgth\_Info$）反映股权激励公允价值信息的可读性。其中，Ob_Info 为我国上市公司年报附注中"股份支付"部分的文本文件大小（KB）的自然对数；$Lgth\_Info$ 为该部分字符数的自然对数。

研究尝试以模型（6.5）检验检验附注披露信息质量对公允价值可靠性影响。其中 $Accuracy$ 为公允价值的可靠性；Dis 为管理者自由裁量偏差，负数为低估（机会主义动机）、正数为高估（信息传递动机）；$Info$ 为附注披露的信息质量，包含文本文件大小 Ob_Info 和字符数长度 $Lgth\_Info$。

$$Accuracy_{i,t} = \beta_0 + \beta_1 Info_{i,t} + \beta_2 Dis_{i,t} + \beta_3 Info_{i,t} \times Dis_{i,t} + Controls \quad (6.5)$$

如上文分析，研究预期附注披露的信息质量将显著提升公允价值的可靠性，但当将管理者自由裁量的行为动机考虑其中，其结果可能有所区别。具体地，当管理者基于机会主义动机自由裁量，公允价值被低估，此时附注披露信息可能无法有效提升会计信息的可靠性；相反的，高估的公允价值意味着管理者将有利于投资者决策的私有信息整合其中，这有助于提升公允价值可靠性。

回归结果如表 6-8 所示，Panel A 和 Panel B 的（1）列和（2）列为全样本下，附注披露信息质量对公允价值可靠性的影响。（1）列中，附注披露信息质量变量 *Ob_Info* 和 *Lgth_Info* 与公允价值可靠性 *Accuracy* 显著正相关（均在 5% 水平上显著），表明附注披露的信息质量越高，公允价值可靠性越强。然而（2）列将管理者自由裁量考虑其中后，发现仅有 Panel B 中的交乘项 *Lgth_Dis* 显著。因此，尝试进一步将样本以高估与低估进行分组。分组后回归发现，仅有（4）列高估样本的交乘项 *Ob_Dis* 与 *Lgth_Dis* 系数为正，且在 10% 水平上显著；而低估样本没有显著关系。这表明附注披露信息质量对公允价值可靠性产生的正效应，仅当管理者基于信息传递动机进行自由裁量时才得以实现。

表 6-8　　　　　　　　　　　附注披露信息质量与公允价值可靠性

Panel A：以文件大小（KB）测度的可读性

Y = Accuracy	全样本		低估样本	高估样本
	（1）	（2）	（3）	（4）
Ob_Info	0.908 **	1.002 ***	1.205 *	0.590
	(2.58)	(2.72)	(1.84)	(1.13)
Dis		−0.716	−0.112	−6.626 ***
		(−0.55)	(−0.06)	(−4.50)
Ob × Dis		0.198	0.231	0.528 *
		(0.94)	(0.80)	(1.83)
Size	0.481 **	0.335	0.259	0.326
	(2.05)	(1.43)	(1.27)	(0.84)

Panel A：以文件大小（KB）测度的可读性

Y = Accuracy	全样本		低估样本	高估样本
	(1)	(2)	(3)	(4)
ROA	−0.177 ***	−0.139 **	0.033	−0.177 **
	(−2.74)	(−2.33)	(0.56)	(−2.16)
CFO	−0.167	−0.200	0.092	−0.744
	(−0.55)	(−0.67)	(0.45)	(−1.39)
Lev	−0.232	−0.195	−0.022	−0.187
	(−1.54)	(−1.32)	(−0.17)	(−0.73)
Gsales	−0.128 *	−0.079	0.007	−0.201 **
	(−1.95)	(−1.22)	(0.15)	(−2.13)
Age	3.060 ***	3.587 ***	1.493 **	5.911 ***
	(3.50)	(4.14)	(1.97)	(4.46)
Constant	−26.913 ***	−26.194 ***	−24.002 ***	−20.260 **
	(−5.05)	(−4.88)	(−4.00)	(−2.39)
Year	Yes	Yes	Yes	Yes
Industry	Yes	Yes	Yes	Yes
N	1390	1390	745	645
adj. R^2	0.097	0.116	0.376	0.240

Panel B：以附注字符数测度的可读性

Y = Accuracy	全样本		低估样本	高估样本
	(1)	(2)	(3)	(4)
Lgth_Info	0.682 **	0.772 ***	0.800	0.487
	(2.51)	(2.85)	(1.63)	(1.01)
Dis		−2.178	−0.481	−6.411 ***
		(−1.61)	(−0.20)	(−3.85)
Lgth × Dis		0.272 **	0.178	0.316 *
		(2.04)	(0.72)	(1.70)
Size	0.493 **	0.321	0.271	0.303
	(2.11)	(1.38)	(1.31)	(0.79)
ROA	−0.171 ***	−0.127 **	0.041	−0.174 **
	(−2.66)	(−2.16)	(0.70)	(−2.12)

续表

Panel B：以附注字符数测度的可读性

Y = Accuracy	全样本		低估样本	高估样本
	（1）	（2）	（3）	（4）
CFO	- 0. 186	- 0. 231	0. 104	- 0. 775
	（ - 0. 61）	（ - 0. 79）	（0. 52）	（ - 1. 48）
Lev	- 0. 237	- 0. 187	- 0. 036	- 0. 177
	（ - 1. 57）	（ - 1. 27）	（ - 0. 28）	（ - 0. 69）
Gsales	- 0. 133 *	- 0. 082	0. 004	- 0. 198 **
	（ - 1. 96）	（ - 1. 25）	（0. 08）	（ - 2. 06）
Age	3. 185 ***	3. 761 ***	1. 620 **	6. 058 ***
	（3. 60）	（4. 35）	（2. 08）	（4. 53）
Constant	- 28. 849 ***	- 27. 959 ***	- 25. 337 ***	- 21. 077 **
	（ - 4. 98）	（ - 4. 98）	（ - 3. 77）	（ - 2. 22）
Year	Yes	Yes	Yes	Yes
Industry	Yes	Yes	Yes	Yes
N	1390	1390	745	645
adj. R^2	0. 101	0. 126	0. 375	0. 242

注：括号内为经公司层面 Cluster 的 t 值；*** 、** 、* 分别表示在 1%、5%、10% 水平上显著（双侧）。

为了考察附注披露信息质量对价值相关性影响，研究依旧采用 Ohlson 价格模型（6.4），同时，以年度行业中位数对附注披露质量的变量 Ob_Info 和 Lgth_Info 进行分组检验。回归结果如表 6 - 9 所示。

表 6 - 9　　　　　　　　　附注披露质量与公允价值的价值相关性

Y = P	附注披露质量较低		附注披露质量较高	
	（1）	（2）	（3）	（4）
BV	2. 603 ***	3. 818 ***	3. 651 ***	2. 771 ***
	（13. 49）	（16. 16）	（18. 29）	（16. 14）
EPS	15. 247 ***	13. 892 ***	15. 742 ***	17. 823 ***
	（15. 69）	（14. 70）	（14. 42）	（16. 11）
Dis	0. 505 *	0. 316	0. 099	0. 332
	（1. 91）	（1. 15）	（0. 47）	（1. 62）
EPS × Dis	- 1. 979 ***	- 1. 416 ***	- 0. 083	- 0. 206
	（ - 4. 59）	（ - 3. 29）	（ - 0. 27）	（ - 0. 64）

$Y = P$	附注披露质量较低		附注披露质量较高	
	（1）	（2）	（3）	（4）
$Size$	-0.653 （-1.42）	0.165 （0.38）	-0.224 （-0.48）	-0.829 （-1.64）
ROA	-0.386*** （-3.86）	-0.385*** （-3.78）	-0.235** （-2.39）	-0.217** （-2.24）
CFO	-0.337 （-0.52）	-1.368** （-2.08）	-1.670*** （-2.87）	-0.856 （-1.48）
Lev	0.549** （2.21）	0.463* （1.95）	0.698*** （2.98）	0.600** （2.47）
$Gsales$	-0.043 （-0.43）	0.225** （2.43）	0.247** （2.33）	-0.103 （-0.92）
Age	-6.792*** （-6.23）	-5.058*** （-5.01）	-4.992*** （-4.31）	-4.964*** （-4.08）
$Constant$	39.932*** （3.84）	12.218 （1.22）	28.052** （2.56）	47.442*** （4.05）
$Year$	Yes	Yes	Yes	Yes
$Industry$	Yes	Yes	Yes	Yes
N	683	671	707	719
adj. R^2	0.655	0.675	0.625	0.617

注：括号内为经公司层面 Cluster 的 t 值；***、**、* 分别表示在 1%、5%、10% 水平上显著（双侧）。

（1）列、（2）列和（3）列、（4）列分别为附注披露质量较低与较高的样本，重复对模型（6.4）回归后，发现交乘项 $EPS \times Dis$ 仅在披露质量较低的样本中系数为负（且在 1% 水平上显著），而在披露质量较高的样本中不显著，这表明附注披露质量在一定程度上能够缓解管理者自由裁量权对公允价值相关性的负效应，有助于改善自由裁量偏差导致的负面市场反应。

第六节 本章小结

本章基于我国上市公司股权激励公允价值估计表外信息披露的独特数据，以 2006～2017 年我国沪深两市 A 股实施股权激励的上市公司作为研究样本，实证考察公允价值估计中的管理者自由裁量行为的经济后果，重点检验了其可能对公允价值可靠性和价值相关性的影响。实证研究的主要结论如下。

第一，在管理者机会主义动机下，股权激励公允价值估计的自由裁量显著降低了会计信息的可靠性；但是，如果管理者基于信息传递动机高估股权激励公允价值，管理者自由裁量行为显著提高了公允价值估计的可靠性。

第二，公允价值估计中的管理者自由裁量偏差与股价显著负相关，当以公允价值信息可靠性分组后，这一关系仅在可靠性较低的组间显著，说明在非活跃的市场环境中，市场投资者在不可靠的会计信息下无法准确识别管理者的自由裁量行为，因而干扰其在投资决策时对公允价值信息的使用，并最终形成负面市场反应。

第三，附注披露的信息质量显著提高了公允价值可靠性，特别是在信息传递动机较强的公司更为明显，这表明管理者基于信息传递动机进行自由裁量时，有助于附注披露信息质量对公允价值可靠性提升；同时，研究发现相比于附注披露信息质量较低的公司，附注披露信息质量较高的公司能够有效抑制解管理者自由裁量程度与股价的负相关性，这在一定程度上缓解了自由裁量偏差导致的负面市场反应。

| 第七章 |

股权激励公允价值估计中管理者自由裁量行为的治理机制

　　第五章的实证研究证实管理层是基于机会主义动机进行股权激励公允价值估计的自由裁量，第六章进一步证实在此动机下的自由裁量偏差会降低公允价值估计的可靠性，因此，于本章中，将集中探索股权激励公允价值估计中，有效抑制管理者可能的机会主义行为、改善公允价值可靠性的治理机制。具体地，本章将对以下几方面进行考察：一是聚焦经理权力治理与董事会治理两方面，运用管理者权力理论与公司治理理论，理论分析并实证检验，有效的公司治理结构是否有助于抑制股权激励公允价值估计中的管理者机会主义行为，改善信息质量；二是在当前我国上市公司内部控制质量不断提升的背景下，考虑内部控制在保证公允价值会计信息质量中的重要作用，理论分析并经验验证当前上市公司内部控制在股权激励公允价值估计中的作用关系；三是进一步研究作为会计信息质量保障的另一道重要防线"外部独立审计"制度是否有助于缓解股权激励公允价值估计中的管理者机会主义行为；四是在第六章考察报表附注信息披露提高公允价值估计可靠性与投资者信息有用性的基础上，研究公司治理、内部控制与独立审计在保障公允价值估计相关信息披露质量中的作用，并为之提供证据。

第一节　问题的提出

　　在世界性会计组织的推动下，公允价值会计因预期能显著提高会计信息决策有用性而被广泛运用于世界各国会计实务中。然而，2007 年 8 月肇始于美国次贷危机进而引发的百年一遇的全球性金融危机，在给世界各大经济实体导致巨大经济损失的同时，也触发了各界对公允价值会计空前激烈的大辩论。讨论的核心问题之一是：公允价值尤其是非活跃市场环境下的公允价值估计是否因赋予管理者过大自由裁量权而影响会计信息质量。一些银行家、金融业人士视公允价值会计的运用为导致此次金融危机的主要原因，其中公允价值的度量误差则是主要批评之一（Johnson，2008；Dechow et al.，2010；Song et al.，2010；Chen and Ewelt-Knauer，2013；Goh et al.，2015；Badia et al.，2017；Lin et al.，2017），尤其是当公允价值估计不存在活跃市场时（Easley and O'Hara，2010）。公允价值会计的大讨论也促使国际会计界迅速行动起来，并重新审视公允价值会计准则。2008 年 10 月 10 日，美国证券交易委员会（SEC）与美国财务会计准则委员会（FASB）联合发布 FAS 157 - 3 号，以规范非活跃市场环境下的公允价值计量问题。尽管随后研究表明，公允价值会计并非金融危机的始作俑者（Amel-Zadeh and Meeks，2013；Laux and Leuz，2010；Barth and Landsman，2010；Ryan，2008；谭洪涛等，2011；苏东海和李西文，2010），但公允价值会计的运用的确可能因提供给管理者更大自由裁量权，对会计信息质量产生重要影响（Chen and Ewelt-Knauer，2013；Dechow et al.，2010；Song et al.，2010）。因此，结合我国关于公允价值引入的背景，进一步探讨如何在公允价值会计运用的同时保证会计信息质量具有及其重要的现实意义。

公允价值的相关信息作为信息使用者决策有用性的代表之一，已变得愈发重要。但是，在公允价值的支持者对其能够提高会计信息相关性的同时，也存在大量关于其可靠性的质疑（ABA，2009；ABA，2010；Johnson，2008）。这是因为公允价值，特别是如股权激励一样作为非活跃市场公允价值的估值计量，需要依赖估计模型的输入信息进行估算，但由于用于估计的信息难以获得（或准确度较低），公允价值估计的可靠性确实会受到影响。这一怀疑也得到了部分学者的证实，他们认为由于公允价值的确定（特别是在缺乏活跃市场时）过于依赖主观性和可操纵性较强的估值技术，再加上新会计准则增加了会计判断和估计（张先治和季侃，2012），这为管理者提供了较大的自由裁量权。巴斯等（2008）实证研究发现，国际会计准则的采用会改变公司盈余管理程度，最终降低会计信息的可靠性。德肖等（2010）也发现，公允价值会计的应用为管理者提供了较大的操纵空间，增加盈余管理机会，影响了会计信息可靠性。我国学者也提出公允价值为管理者提供了平滑盈余、调节利润的机会（王玉涛等，2009；叶建芳和孟利，2009）。因此，若公司缺乏有效的治理机制，管理层可能基于个人利益选择估计方法、模型、参数等，这会严重影响公允价值估计的可靠性，并最终对市场造成负面反应。然而，值得注意的是，现有研究多集中于公允价值信息的披露与否、披露质量与会计信息可靠性的关系，鲜有将管理层自由裁量纳入同一研究体系。自由裁量，因受到管理者动机影响，将会造成公允价值的显著差异（已于第五章证实），并最终影响会计信息质量（可靠性）以及市场反应（价值相关性）（已于第六章证实）。

大量研究已证实公司内外部治理机制在抑制代理问题、保证信息披露质量中发挥重要作用（Graves and Waddock，1990；Dechow et al.，1996；Klein，2002；Bushman and Smith，2001；Bhat，2013；Song et al.，2010；Cannon and Bedard，2017）。而信息披露作为信息使用者获取公司内部治理状况的一种重要方式而备受关注（Healy and Palepu，2001）。内部治理机制的健全与否在一定程度上决定了财务报告质量的高低，对抑制盈余管理行为、财务欺诈等也起到重要作用（Cohen et al.，2004）。与此同时，外部治理机制同样对保证信息披露质量起到至关重要的作用。高质量的独立审计、分析师关注度等已被证实有助于缓解代理问题，促使上市公司不断提升对外披露信息的质量（Bushman and Smith，2001）。基于此，本章将重点考察内外部治理机制是否能抑制管理层机会主义动机，保证公允价值估计的信息质量。

第二节　理论分析与研究假设

公司治理理论认为，公司要以内外部治理结合，使管理者在利用资本进行运营的同时，能保障利益相关者的权益，即减少代理人和委托人之间的目标差异。可见，公司治理理论其实是以委托代理关系为核心，以信息不对称条件和理性经济人为前提假设，设计如何有效激励或约束代理方，从而降低代理成本，保护委托人利益。非活跃市场下的公允价值估计为管理者提供了较大的自由裁量空间，此时，公司治理机制的不健全可能诱发代理冲突，管理层基于个人机会主义进行的公允价值估计会导致估值不可靠，甚至是相关信息失真、披露质量恶劣等（胡奕明和唐松莲，2008）。但是，有效的治理机制（内部治理如董事会治理、股东和债务人监督、高管薪酬激励等；外部治理如分析师关注、独立审计、市场竞争等）能够给管理层施压，使其不断提高会计信息的可靠性和透明度（Bushman and Smith，2001；Bhat，2013）。

彭曼（Penman，2007）认为，在确认 Level Ⅱ 和 Level Ⅲ 层次公允价值信息的可靠性中，审计师、评估师和公司董事会的独立性和胜任能力，以及内部控制的有效性具有重要作用。由于我国当前较少公司聘请中介评估机构对股权激励公允价值进行评估，因此，本章集中于公司治理、内部控制与独立审计三方面的治理作用。

一、公司内部治理与公允价值信息的可靠性

公司治理有助于协调公司各利益相关者之间的利益关系，以保证管理层决策的科学化，从而最终维护各方的利益（李维安和姜涛，2007）。公司治理对股权激励公允价值估计中的管理者机会主义行为的影响可能存在以下作用：首先，良好的公司治理有助于降低公允价值估计中管理者有目的的估计误差。对股权激励公允价值估计，管理者拥有股权激励基本价值和估计模型、参数值的私有信息，这可能产生道德风险问题（Landsman，2006）。根据第四章和第五章的研究结论，管理者有动机使用这些私有信息去操控股权激励公允价值估计，因此增加了公允价值估计偏差。已有的经验研究表明，良好的公司治理有助于保障会计信息质量（Bushman and Smith，2001）。其次，良好的公司治理通过风险管理程序，有助于降低公允价值估计中管理者无目的的估计误差（Bhat，2013）。有效公司治理意味着一套良好的风险管理程序，并因此能提供给管理者高质量的数据和工具去估计公允价值，以最小化估计误差（Bhat，2013）。再次，良好的公司治理有助于降低投资者感知的信息风险，降低公司内外部信息不对称程度，进而有助于缓解可能的逆向选择问题。宋等（2010）认为，投资者感知的公允价值信息的可靠性及因此作出的市场反映取决于公司治理质量的高低。他们研究发现，当公司治理较为有效时，Level Ⅲ 层次的公允价值信息价值相关程度更高。最后，公司治理对公允价值估计相关的信息披露也具有重要影响。巴特（Bhat，2013）认为，公司治理的监督作用不仅仅局限于会计数字，而且可以衍生到信息披露。公司治理结构能够约束管理者去采用最优的信息披露政策（Core，2001）。基于此，良好

的公司治理对缓解股权激励公允价值估计中的管理者机会主义行为，保证会计信息可靠性具有正向的积极影响。根据上述分析，提出本章的研究假设 H（7 - 1）和 H（7 - 2）。

H（7 - 1）：在其他条件不变的情况下，有效的公司治理能够提高公允价值估计的可靠性。

H（7 - 2）：有效的公司治理有助于削弱管理者股权激励公允价值估计中自由裁量偏差与公允价值可靠性的负向关系。

二、内部控制与公允价值信息的可靠性

内部控制的完善程度和执行情况将对会计信息产生重大影响，特别是，当"风险"成为公允价值会计与内部控制的契合点时，内部控制质量的高低在这一长期完善的动态过程中显得尤为重要。对此，美国证券监督管理委员会表达了对公司公允价值计量相关的内部控制的关心，并呼吁公司去设计并有效实施公允价值计量相关的内部控制制度。理论上，设计并实施有效的内部控制机制有助于缓解公允价值估计的不确定性对财务报告的影响（Cannon and Bedard，2017）。例如，当内部控制要求公司采用专家的工作作为公允价值估计过程的一部分，并且要求专家审阅公允价值估计相关的模型、假设、参数及其确认依据的合理性，那么，他们的经验与专长则可能有助于提高公允价值估计的可靠性。与良好的公司治理机制在抑制股权激励公允价值估计中的管理者机会主义行为一致，完善的内部控制机制一方面有助于抑制公允价值估计中管理者的道德风险问题，降低有目的的估计误差；另一方面，良好的内部控制与良好的风险管理程序也是联系在一起，并因此有助于降低管理者无目的的公允价值估计误差，以及投资者感知的信息风险。已有的经验研究证实，内部控制在提高公司盈余质量中的积极作用（Doyle et al.，2007；董望和陈汉文，2011）。不仅如此，有效的内部控制还具有良好的沟通机制，以确保会计信息及时、准确地在各方间传递，降低信息不对称，从而降低管理者自利行为的空间。更为重要的是，由于股权激励公允价值估计的复杂性，即便是具有专业背景的管理者也无法确保估值的完全准确。此时，内部控制监督制度、缺陷认定以及评价标准可以发现并及时纠正在公允价值会计处理中的问题，这为保证公允价值的可靠性提供了帮助，同时达到了约束管理者

机会主义行为的目的（唐凯桃和杨彦婷，2016）。综上，有效的内部控制能有助于缓解股权激励公允价值估计中的管理者机会主义行为，增强会计信息可靠性。基于此，提出本章的研究假设 H（7 - 3）和 H（7 - 4）：

H（7 - 3）：在其他条件不变的情况下，有效的内部控制能够提高公允价值估计的可靠性。

H（7 - 4）：有效的内部控制有助于削弱管理者股权激励公允价值估计中自由裁量偏差与公允价值可靠性的负向关系。

三、外部审计与公允价值信息的可靠性

相比外部投资者关注会计信息的决策相关性，独立审计师更为关注会计信息的可靠性，尤其是具有较高估计不确定性的公允价值信息。实验研究表明，作为保障会计信息质量的重要制度安排，独立审计师在抑制公允价值估计中可能的管理者机会主义行为、提高公允价值信息可靠性中发挥重要作用（Christensen et al.，2014；Earley et al.，2014）。陈等（2014）利用 2008 ~ 2009 年美国金融危机期间金融公司的样本研究发现，审计师在抑制该期间管理者公允价值计量不确定性中发挥了稳健作用。然而，面对公允价值会计在世界范围内的不断推广，社会各界更多表达了公允价值会计给审计师带来的巨大困难与挑战（Cannon and Bedard，2017；Griffith，2019；Bratten et al.，2013；Martin et al.，2006；王守海等，2014）。格里菲斯（Griffith，2019）通过对审计师的访谈发现，在公允价值审计过程中，审计师过度依赖于管理者的处理，而不是对整个公允价值估计进行批判性分析，且过度依赖于专家去识别、评估和挑战关键估计假设。坎农和贝达德（Cannon and Bedard，2017）调查研究发现，独立审计团队比客户公司更多使用评估专家去确保公允价值估计的可靠性，尽管他们在提供公允价值估计的积极保障中面临很大挑战。这些研究表明，由于公允价值估计的困难程度较高，是否拥有相关专业知识对审计团队保障公允价值估计的可靠性具有重要作用。这种专业知识可以来源于审计事务所自身的行业专长。作为权益金融工具，股票期权的公允价值估计需要更有金融专业知识，因此，具有金融行业专长的审计事务所相比其他，在抑制股权激励公允价值估计中的管理者机会主义行为中能发挥更为显著的积极作用。因此，预期高质量的独立审计（包括审计努力水平、

行业专长）有助于缓解股权激励公允价值估计中的管理者机会主义行为，提高会计信息可靠性。基于此，提出假设 H（7-5）和 H（7-6）：

H（7-5）：在其他条件不变的情况下，高质量的独立审计能够提高公允价值估计的可靠性。

H（7-6）：高质量的独立审计有助于削弱管理者股权激励公允价值估计中自由裁量偏差与公允价值可靠性的负向关系。

四、内外部治理机制与信息披露质量

内外部治理机制是保证信息披露质量的重要因素（Dechow et al.，1996；Klein，2002；杜兴强和温日光，2007）。附注信息披露质量的有用性已在第六章得到证实，其有助于提升公允价值估计的可靠性，同时，在一定程度上能够缓解管理者自由裁量权对公允价值相关性的负效应，有助于改善自由裁量偏差导致的负面市场反应。那么，公司治理、内部控制以及独立审计是否能够提升附注信息的披露质量？

具体来说，公司治理对公允价值估计相关的信息披露具有重要影响，其产生的监督作用不仅仅局限于会计数字，而且可以衍生到信息披露（Bhat，2013）。同时，公司治理结构能够约束管理者去采用最优的信息披露政策（Core，2001），独立性较强的董事会、合理的股权结构等都可以有效地提升信息披露质量（Dechow et al.，1996；Klein，2002）；同样的，良好的内部控制能够帮助公司实现报告的可靠性，提升信息的披露质量（樊行健和肖光红，2014）。一方面，高质量的内部控制不但能够约束管理层的盈余信息操纵行为，而且有助于会计信息的确认与计量，显著提升了信息的披露质量（方红星和金玉娜，2011）；另一方面，良好的外部治理对保证信息披露质量也至关重要。其中，相较于其他外部投资者，独立审计师更为关注会计信息的披露质量，尤其是具有较高估计不确定性的公允价值信息（Christensen et al.，2014；Earley et al.，2014）。因此，结合前文理论分析，良好的内外部治理机制（公司治理、内部控制、独立审计）有助于提升与公允价值相关信息的披露质量，基于此，提出假设 H（7-7）：

H（7-7）：在其他条件不变的情况下，良好的内外部治理机制能够提高报表附注披露的信息质量。

第三节　研究设计

一、研究变量

（一）股权激励公允价值估计管理者自由裁量

与前文章节有所区别，本章将连续变量自由裁量偏差 *Dis* 按照正负值区分赋值为自由裁量偏差的虚拟变量（*DisD*），若 $Dis \geqslant 0$，$DisD = 0$；若 $Dis < 0$，$DisD = 1$。此时，$DisD = 0$ 的样本为公允价值高估样本；$DisD = 1$ 为低估样本，参考前文（第六章）研究结果，自由裁量偏差 *DisD* 应与公允价值可靠性 *Accuracy* 显著负相关。

（二）股权激励公允价值估计的可靠性

公允价值估计的可靠性为本章重点因变量，构建过程如下（详细内容可见第六章变量解释部分）：借鉴布朗（1997）和霍德等（2006），采用分析师预测准确性的度量方法构造了模型（7.1）估计股权激励公允价值估计的准确性。其中，*Accuracy* 表示公允价值估计的可靠性；*Expost_FV* 为基于事后估计参数的实际值采用 B-S 模型计算得到的公允价值，股票价格和行权价取当年年末股票收盘价、波动率与股利支付率取事后实际值、期权有效期和无风险利率取公司实际披露值；*Reported_FV* 如前文所述，为披露的公允价值。我们将二者之差取绝对值并乘以负 1 作为公允价值的可靠性 *Accuracy*，其值越大代表准确性越高。

$$Accuracy_{i,t} = -1 \times |ExPost\_FV_{i,t} - Reported\_FV_{i,t}| \qquad (7.1)$$

（三）公司治理

主要通过经理权力和董事会治理两方面衡量公司治理情况。

1. 经理权力

根据管理者权力理论，管理层有能力运用权力寻租，影响甚至操纵与自己薪酬有关的信息（权小锋等，2010）。一般来说，管理层权力越大，受到监督越弱，越可能存在个人机会主义行为。过于集中的管理层权力将会影响公司治理水平（Joseph et al. , 2014），公司经理（CEO），一般作为公司的权力核心，往往具有较强的动机和能力实施机会主义行为。因此，以 CEO 权力大小衡量公司治理水平。芬克尔斯坦（Finkelstein，1992）认为，CEO 的中心任务是处理公司内外部的不确定性。内部的不确定性主要是来自董事会和其他高管人员，而外部主要是源于公司的目标和外部环境因素。因此，芬克尔斯坦将经理权力划分为组织权力、专家权力、所有制权力以及声誉权力四个维度。参考这种思路，并同时借鉴权小锋和吴世农（2010）；赵息和张西栓（2013）的研究方法，从每个维度选取两个虚拟变量度量经理权力的大小，具体变量定义和解释如表 7 – 1 所示。

表 7 – 1　　　　　　　　　　经理权力度量的维度指标

权力维度	虚拟变量名称	虚拟变量定义
组织权力	*Duality*	是否两职合一，是为 0，否为 1
	Insider_Director	是否是公司内部董事，是为 0，否为 1
专家权力	*Senior*	是否具有高级职称，是为 0，否为 1
	Tenure	任职时间是否超过行业中位数，是为 0，否为 1
所有制权力	*Share*	是否持有公司股权，是为 0，否为 1
	Ins_Hold	机构投资者持股比例是否低于行业中位数，是为 0，否为 1
声誉权力	*Education*	是否具有硕士以上学历，是为 0，否为 1
	Part-Time Job	是否在企业外兼职，是为 0，否为 1

维度 1：组织权力。

组织权力是最为常见的权力类型，是由一个组织中所包含的科层结构决定的。经理（CEO）位于公司科层结构中的顶端，其可对公司其他层级和人员实施影响。在这种权力下，CEO 可以控制公司人员和结构来管理公司面临的不确定性。以 CEO 是否兼任董事长（*Duality*）和 CEO 是否为公司内部董事（*Insider_Director*）两个虚拟变量衡量 CEO 的组织权力强度。

维度 2：专家权力。

专家权力能够帮助 CEO 在不确定的外部环境下有效地管理公司。当 CEO 具有高级职称时，表明 CEO 在所处领域具有较高权威，相较于其他高管，其具备更为丰富的知识和信息，并可以通过权力限制或阻止董事对信息的获取。同时，较长的任职年限有助于 CEO 更为熟悉企业业务与内部运营，同时形成以自己为中心、易于决策的管理团队。因此，选取 CEO 是否具有高级职称（*Senior*）和 CEO 的任职年限是否较长（*Tenure*）两个虚拟变量衡量专家权力。

维度 3：所有制权力。

所有权（股权）是衡量以所有权为权力为中心的代理关系中最为重要的指标之一。拥有股权的 CEO，作为股东和高管，拥有更大的权力。CEO 股权拥有越多，权力越大，此时，越有能力干扰董事会的决策过程、抗拒董事会对管理层的影响。这使得 CEO 能够在更好地获取个人利益的同时，避免对自己不利情况发生。此外，机构投资者对企业管理层的经营决策产生的影响已愈发明显，他们能够有效地实施外部监督，对管理层过度权力进行制约。基于此，选取 CEO 是否具有股权（*Share*）和机构投资者持股水平（*Ins_Hold*）衡量所有制权力强度。

维度 4：声誉权力。

在社会中普遍得到认可的高管被视为具有较高声誉权力。具有较高声誉的 CEO 往往能够帮助公司获取更多的有利条件，如外部支持、稀缺资源等，从而缓解不确定性对公司的冲击。具有高学历的 CEO 往往更加重视个人自身声誉，并具有较高的社会地位；而 CEO 在外兼职的岗位越多，表明 CEO 越被社会认可，同时具有较强的动机继续提升自身声誉。因此，选取 CEO 是否具有高学历（*Education*）以及 CEO 是否在其他公司兼职（*Part-Time Job*）作为衡量 CEO 声誉权力的虚拟变量。

具体变量定义如表 7 - 1 所示。

如权小锋和吴世农（2010）所述，以上四个维度虽从不同层面反映了 CEO 权力强度，但每个单一指标都存在一定的局限性，无法综合全面地反映 CEO 权力。因此，借鉴已有文献（权小锋和吴世农，2010；赵息和张西栓，2013），将基于主成分分析法对以上四个维度共八个指标进行综合测度，并采用前三主成分作为 CEO 权力综合指标（*PowerCEO*）。结合上述分析，合成所得的综合指标越大，CEO 权力越小，公司治理水平越高。

具体计算过程如下。

首先，KMO 检验和球形检验判断数据是否符合做因子分析，如表 7 - 2 所示，KMO 值为 0.531，该值大于 0.5，较适合做因子分析；Bartlett 值显著（p-value = 0.000），结果显示拒绝各指标之间不存在相关性的假设，这表明这些变量之间存在一定的共线性问题，有必要进行主成分分析。

表 7 - 2   **KMO 和 Bartlett 球形检验结果**

检验方法	指标	检验结果
KMO 检验		0.731
Bartlett 检验	Chi-square	3358.200
	df	21
	p-value	0.000

其次，以特征值大于 1 的标准提取 3 个主成分，根据因子得分系数矩阵将主成分表示成变量的线性组合，以 F_1、F_2、F_3 表示：

$$F_1 = 0.6370 \times X_1 - 0.1859 \times X_2 + 0.2678 \times X_3 + 0.4660 \times X_4 - 0.2237$$
$$\times X_5 + 0.3091 \times X_6 - 0.3539 \times X_7 + 0.1735 \times X_8$$

$$F_2 = -0.0143 \times X_1 + 0.4003 \times X_2 + 0.4837 \times X_3 - 0.4378 \times X_4 - 0.3798$$
$$\times X_5 + 0.4754 \times X_6 + 0.2089 \times X_7 + 0.2164 \times X_8$$

$$F_3 = -0.0935 \times X_1 - 0.6418 \times X_2 + 0.4563 \times X_3 - 0.0710 \times X_4 + 0.2028$$
$$\times X_5 - 0.0728 \times X_6 + 0.5654 \times X_7 - 0.1648 \times X_8$$

最后，按照各因子的方差贡献率在全部因子方差贡献率所占比确定各因子权重，计算最终 CEO 权力的综合得分值：

$$PowerCEO = 0.1065 \times X_1 - 0.0598 \times X_2 + 0.2004 \times X_3 + 0.1544 \times X_4$$
$$+ 0.0515 \times X_5 + 0.1305 \times X_6 + 0.0495 \times X_7 + 0.0467 \times X_8$$

2. 董事会治理

从理论上说，董事会是确保股东利益的重要机构，股东可以通过董事会向管理层施加影响，以缓解代理问题（白重恩等，2005）。然而在实践中，董事会由于受到众多因素影响，难以依靠一个具体的指标衡量，因此，借鉴白重恩等（2005）的理论以及林钟高和常青（2017）的研究方法从独立董事比例、董事会规模、董事会会议次数以及委员会设立个数四个方面综合测度董事会治理（CGBoard）水平，具体变量定义和解释如表 7 - 3 所示。

表7-3　　　　　　　　　　　董事会治理度量变量

名称	符号	定义
独立董事比例	*InBod*	独立董事人数与董事会人数的比值是否高于年度行业中位数，是为1，否为0
董事会规模	*Board*	董事会人数是否低于年度行业中位数，是为1，否为0
董事会会议次数	*Meeting*	董事会会议次数是否高于年度行业中位数，是为1，否为0
委员会设立个数	*Committee*	委员会设立个数是否高于年度行业中位数，是为1，否为0

具体计算过程如下。

首先，KMO 检验和球形检验判断数据是否符合做因子分析，如表7-4所示，KMO 值为 0.632，该值大于 0.5，较适合做因子分析；Bartlett 值显著（p-value = 0.000），结果显示拒绝各指标之间不存在相关性的假设，这表明这些变量之间存在一定的共线性问题，有必要进行主成分分析。

表7-4　　　　　　　　　KMO 和 Bartlett 球形检验结果

检验方法	指标	检验结果
KMO 检验		0.632
Bartlett 检验	Chi-square	29869.285
	df	6
	p-value	0.000

其次，以特征值大于 1 的标准提取 2 个主成分，根据因子得分系数矩阵将主成分表示成变量的线性组合，以 F_4、F_5 表示：

$$F_4 = 0.6999 \times X_1 + 0.1356 \times X_2 + 0.6994 \times X_3 - 0.0503 \times X_4$$

$$F_5 = -0.0360 \times X_1 + 0.6190 \times X_2 - 0.0276 \times X_3 + 0.7841 \times X_4$$

最后，按照各因子的方差贡献率在全部因子方差贡献率所占比确定各因子权重，计算最终董事会治理（*CGBoard*）的综合得分值：

$$CGBoard = 0.3137 \times X_1 + 0.2206 \times X_2 + 0.3156 \times X_3 + 0.1770 \times X_4$$

（四）内部控制质量

对于内部控制质量，主要采用迪博内控指数、财务重述以及内部控制缺陷三个变量测度。

1. 迪博内控指数（*Dib*）

借鉴逯东等（2015）的做法，以迪博中国上市公司内部控制指数衡量内部控制质量。该指数包含了企业内部环境、信息与沟通、风险评估、控制活动、内部监督五大与企业内部控制质量密切相关的信息指标，能够较为全面的、客观地评估企业内部控制水平，这一指标的权威性也得到了一定程度的认可。该指数越高，内部控制质量越好。

2. 财务重述（*Restatement*）

内部控制是保证财务报表质量的第一道防火墙，其目标为保证财务报告的可靠性、及时性和透明度。有效的内部控制能大大减少企业财务报告发生错误或舞弊的可能性，因此，参考李万福等（2011）、李越冬等（2014）的研究，以公司财务报告是否发生财务重述衡量内部控制质量，发生财务重述为0，反之为1。

3. 内部控制缺陷（*ICW*）

借鉴刘焱和姚海鑫（2014），以参考"企业内部控制审计指引"的具体制度规定为内部控制缺陷代理变量设定的方法。"指引"中明确指出，上市公司存在以下现象时，内部控制可能存在重大缺陷：一是公司董事、监事以及高管存在舞弊行为；二是擅自更正已公开发布的财务报告；三是内部控制运行中未能发现财务报告存在的重大错报；四是审计委员会等对内控监督无效。

基于此，将符合任意下列条件之一的公司定义为内部控制存在缺陷的样本：一是公司或相关负责人受到证监会处罚；二是发布会计差错更正或调整的专项说明；三是当期未被出具标准无保留的审计意见；四是公司内控自我评价报告中陈述公司内部控制存在缺陷。

若公司符合上述任一条件，视为存在内部控制缺陷，此时赋值为0，若不存在上述问题，赋值为1。存在内部控制缺陷的公司内部控制质量较差。

（五）独立审计质量

以非正常审计费用和事务所行业专长作为独立审计质量的代理变量。

1. 非正常审计收费（*AbFee*）

审计收费是审计努力程度的函数。研究表明，由于公允价值估计的不确定性与可能的管理者机会主义行为，审计师面临着显著更高的审计风险，并需要付出更多审计努力，提高了审计收费（Chen et al.，2014；Goncharov et al.，2014；Ettredge et al.，2014）。非正常审计收费越高，意味着由于面临的不确定风险需要付出更多的努力，从而审计质量越高，治理效果越强。

关于非正常审计收费，参考弗兰西斯等（Francis et al.，2005）；蔡春等（2015）的方法，首先估计出正常的审计费用（Audfee），将实际审计费用与正常审计费用相减，其差值作为异常审计费用（AbFee）。计算模型为：$Audfee = \beta_0 + \beta_1 Size + \beta_2 Invrec + \beta_3 Growth + \beta_4 Big4 + \beta_5 Opinion + \beta_6 ZFC + \beta_7 BM + \beta_8 Ret + \beta_9 Sigma + Year + Industry + \varepsilon$。其中，Size 为公司总资产的自然对数；Invrec 是存货和应收账款之和除以总资产；Big4 是公司审计是否为国际四大，是为 1，否为 0；Growth 为营业收入增长率，以当年营业收入减去年营业收入之差除以去年营业收入；ZFC 为融资约束程度，$ZFC = -4.336 + 5.679 \times LEV - 4.513 \times ROA + 0.004 Liquidity$（Zmijewski，1984）；Opinion 为审计意见，标准无保留为 1，其他为 0；BM 为账面价值除以市值的比率；Ret 为年度股票收益率；Sigma 是年度股票收益率的波动性，同时控制年度和行业效应。回归上述模型，其拟合值为审计收费的正常值，回归残差为审计收费的异常值，即非正常审计收费（AbFee）。

2. 事务所行业专长（IMS）

审计师对公允价值估计的可靠性的识别不仅受到公司自身特征的影响，还与事务所行业专长息息相关。行业专长水平较高的审计师事务所拥有特定行业的生产经营特点、经济技术指标等专有知识，并在特殊领域拥有专业能力技术等，这有利于提高审计证据的收集能力，对特定问题的判断和风险的识别更为专业和准确（蔡春和鲜文铎，2007；李馨子等，2019）。因此，结合前文分析，并借鉴李馨子等（2019）的研究，将采用事务所的金融行业市场份额度量事务所的金融行业专长水平（IMS）。具体做法如下：

$$IMSC_{ik} = \sum_{j=1}^{J} REV_{ikj} / \sum_{k=1}^{K} \sum_{j=1}^{J} REV_{ikj}$$

其中，分子为 i 事务所所在 k 行业的客户主营业务收入总额，分母为 i 事务所全部客户主营业务收入总额。这里，将 k 定义为金融行业，此行业对股权激励估值的计算有较高的专业水平。

然后，借鉴蔡春和鲜文铎（2007）等方法，将 *IMSC* 大于等于 10% 的定义为具有金融行业专长的事务所，并令其虚拟变量 *IMS* = 1，否则 *IMS* = 0。之所以将 10% 作为阈值，这是由于样本所处金融行业的市场份额平均值为 7.6%，如果将阈值设定过低，就会拥有过多的行业专长事务所，因此，采用现有国内研究常用的 10% 作为行业专长阈值。

二、研究模型

为了检验上文研究假设 H（7 – 1）、H（7 – 3）、H（7 – 5），构建模型（7.2）检验内外部治理机制（*GM*）与公允价值估计自由裁量偏差（*DisD*）以及公允价值可靠性（*Accuracy*）的关系。

$$Accuracy_{i,t} = \beta_0 + \beta_1 DisD_{i,t-1} + \beta_2 GM_{i,t-1} + Controls + \varepsilon \qquad (7.2)$$

其中，*Accuracy* 为公允价值可靠性；*GM* 为内外部治理机制（包括公司治理、内部控制、独立审计）；*DisD* 为管理者公允价值估计自由裁量偏差的虚拟变量，与前文章节有所区别，本章将连续变量自由裁量偏差 *Dis* 按照正负值区分赋值为自由裁量偏差的虚拟变量（*DisD*），若 *Dis* ≥ 0，*DisD* = 0；若 *Dis* < 0，*DisD* = 1。此时，*DisD* = 0 的样本为公允价值高估样本；*DisD* = 1 为低估样本，参考前文（第六章）研究结果，自由裁量偏差 *DisD* 应与公允价值可靠性 *Accuracy* 显著负相关。那么，结合前文理论推导，预期在模型（7.2）的回归结果中，*GM* 与 *Accuracy* 应显著正相关，即良好的治理机制能够提升公允价值可靠性。

为了进一步考察内外部治理机制是否能削弱管理者股权激励公允价值估计中自由裁量偏差与公允价值可靠性之间的关系，建立 *DisD* 与 *GM* 的交互项，检验二者交互作用对公允价值可靠性 *Accuracy* 的影响，因此，在模型（7.2）中加入 *DisD* 与 *GM* 的交互项，以此检验假设 H（7 – 2）、H（7 – 4）、H（7 – 6）。

$$Accuracy_{i,t} = \beta_0 + \beta_1 DisD_{i,t-1} + \beta_2 GM_{i,t-1} + \beta_3 DisD_{i,t-1} \times GM_{i,t-1} + Controls + \varepsilon$$

$$(7.3)$$

预期交互项 $DisD \times GM$ 与 $Accuracy$ 应显著正相关，即良好的治理机制能够缓解自由裁量偏差对公允价值可靠性的降低。

为了检验治理机制能否改善公允价值信息的披露质量，即假设 H（7 - 7），构建模型（7.4）：

$$FV\_Info_{i,t} = \beta_0 + \beta_1 GM_{i,t-1} + Controls + \varepsilon \tag{7.4}$$

其中，FV_Info 为报表附注的公允价值信息的披露质量，包括 Ob_Info 和 $Lgth\_Info$；GM 为内外部治理机制变量，包含 $PowerCEO$、$CGBoard$、Dib、$Restatement$、ICW、$AbFee$、IMS。

此外，在上述回归模型中，控制了企业规模（$Size$）、资产负债率（Lev）、销售增长率（$Gsales$）、经营现金流（CFO）、资产收益率（ROA）、公司上市年限（Age），以及行业和年度效应。变量的具体度量方式如表 7 - 5 所示。

表 7 - 5　　　　　　　　　　　　　　变量定义

变量名称	变量符号	变量定义
可靠性	$Accuracy$	采用事后估计的公允价值（$ExPost\_FV$）与披露公允价值（$Reported\_FV$）之差的绝对值乘以 - 1
自由裁量	$DisD$	股权激励公允价值估计自由裁量偏差的虚拟变量，若偏差为负，取值为 1，否则取值为 0
治理机制	$PowerCEO$	CEO 权力，采用 8 个指标进行主成分分析计算获得的综合得分值
	$CGBoard$	董事会治理，采用 4 个指标进行主成分分析计算获得的综合得分值
	Dib	迪博内控指数，由五大与企业内部控制质量密切相关的信息指标综合评价，并生成指数
	$Restatement$	财务重述，发生为 0，否则为 1
	ICW	内部控制缺陷，存在为 0，否则为 1
	$AbFee$	非正常审计收费，采用审计定价模型估计的残差
	IMS	事务所行业专长，事务所金融行业市场份额大于等于 10% 的定义为具有金融行业专长的事务所，并令其虚拟变量 $IMS = 1$，否则 $IMS = 0$
附注披露质量	Ob_Info	模糊指数，我国上市公司年报附注中"股份支付"部分的文本文件大小（KB）的自然对数
	$Lgth\_Info$	信息长度，以我国上市公司年报附注中"股份支付"部分的文本字符数大小的自然

续表

变量名称	变量符号	变量定义
企业规模	*Size*	总资产的自然对数
企业经营绩效	*ROA*	净利润/期末总资产
资产负债率	*Lev*	总负债/总资产
销售增长率	*Gsales*	（本年度营业收入 – 上年度营业收入）/上年度营业收入
经营现金流	*CFO*	经营性现金流净额/总资产
公司上市年限	*Age*	公司上市年度的自然对数

三、样本选择与数据来源

选取 2006～2017 年我国沪深两市 A 股实施股权激励的上市公司作为研究样本，并进行如下处理：（1）剔除了未披露股权激励公允价值估值参数的样本公司。（2）剔除在观测期内被 ST、* ST 等特殊处理的上市公司。（3）剔除在观测期内被 PT 和退市的公司。（4）剔除金融、保险类公司。（5）剔除当年成立的公司以及重要财务数据严重缺失的上市公司。最终，获得样本公司 439 家，共计 1390 个观测值。从上市公司财务报表附注和股权激励实施方案和授予公告中，手工收集了每家上市公司股权激励公允价值估计模型、估值参数，以及激励费用等相关数据。个股收盘价、个股回报率和股权激励行权数量等数据来源于 Wind 数据库，迪博内控指数数据来源于 DIB 内部控制与风险管理数据库，其他数据均来自 CSMAR 数据库。为缓解异常值的可能影响，对连续变量按照上下 1% 的标准进行 Winsorize 处理。数据处理软件为 Stata 14。

第四节　实证结果与分析

一、描述性统计

表 7 – 6 报告了各变量的描述性统计。股权激励公允价值估计的可靠性 *Accuracy* 的最小值和最大值相差较大，分别为 – 35.54 和 – 0.069，标准差为 6.325，初步表明样本公司管理者在股权激励公允价值估计中的自由裁量行为

会对可靠性有差异化影响。并且，均值和中位数分别为 - 6. 615 和 - 5. 194，即有超过一半的样本公司可靠性低于均值，对每一单位报告的公允价值而言，平均降低可靠性 18. 61% 。这与霍德等 （2006） 基于欧美市场的研究结果相似，其统计结果显示有超过一半的样本公司的公允价值可靠性低于均值。虚拟变量 *DisD* 的均值为 0. 465，表明有 46. 5% 的样本公司的股权激励公允价值估计被高估。经理权力 *PowerCEO* 和董事会治理 *CGBoard* 的均值和中位数为分别为 - 0. 144、 - 0. 149 和 - 0. 121、 - 0. 322，标准差分别为 0. 192 和 0. 492，这表明样本公司间的公司治理水平有较大差异。财务重述 *Restatement* 和内控缺陷 *ICW* 的均值分别为 0. 774 和 0. 837，即有大约仅有 22% 和 16% 的样本存在财务重述或内控缺陷问题。非正常审计收费 AbFee 的均值和标准差分别为 - 0. 024 和 4. 007，最小值和最大值区间为 - 9. 623 ~ 10. 02，表明其内部差异较大。事务所行业专长 IMS 的均值为 0. 268，即拥有金融行业专长的事务所占总样本的 26. 8% 。

表 7 - 6 描述性统计

变量	N	均值	标准差	最小值	25% 分位	中位数	75% 分位	最大值
Accuracy	1390	- 6. 615	6. 325	- 35. 54	- 8. 414	- 5. 194	- 2. 506	- 0. 069
DisD	1390	0. 465	0. 499	0. 000	0. 000	0. 000	1. 000	1. 000
PowerCEO	1390	- 0. 144	0. 192	- 0. 537	- 0. 286	- 0. 149	0. 000	0. 322
CGBoard	1390	- 0. 121	0. 492	- 0. 369	- 0. 369	- 0. 322	- 0. 072	1. 274
Dib	1390	4. 204	0. 122	3. 580	4. 155	4. 216	4. 270	4. 516
Restatement	1390	0. 774	0. 418	0. 000	1. 000	1. 000	1. 000	1. 000
ICW	1390	0. 837	0. 369	0. 000	1. 000	1. 000	1. 000	1. 000
AbFee	1390	- 0. 024	4. 007	- 9. 623	- 2. 468	0. 010	2. 539	10. 02
IMS	1390	0. 268	0. 443	0. 000	0. 000	0. 000	1. 000	1. 000
ObfusInfo	1390	5. 860	0. 847	0. 000	5. 765	5. 979	6. 192	8. 454
LengthInfo	1390	9. 608	1. 290	0. 000	9. 596	9. 762	9. 961	10. 99
Size	1390	22. 16	1. 159	19. 81	21. 29	22. 02	22. 84	26. 95
ROA	1390	0. 623	0. 441	- 0. 631	0. 353	0. 570	0. 847	2. 089
CFO	1390	0. 040	0. 061	- 0. 283	0. 004	0. 036	0. 073	0. 480
Lev	1390	0. 371	0. 193	0. 034	0. 209	0. 355	0. 508	0. 798
Gsales	1390	0. 260	0. 332	- 0. 432	0. 063	0. 209	0. 387	1. 864
Age	1390	2. 425	0. 386	1. 386	2. 197	2. 303	2. 639	3. 367

二、相关性分析

表 7-7 报告了内外部治理变量及其他控制变量与公允价值可靠性变量的 Pearson 相关系数。在未控制其他因素的前提下，结果显示公司治理变量中，无论是经理权力 *PowerCEO* 还是董事会治理 *CGBoard* 变量，与都与公允价值可靠性 *Accuracy* 的相关系数均在 1% 统计水平下显著为正，这表明公司治理越好，企业公允价值可靠性越高；三个度量企业内部控制质量的变量（*Dib*，*Restatement*，*ICW*）与公允价值可靠性 *Accuracy* 的相关系数分别为 0.109、0.074、0.050，分别在 1%、1%、10% 水平上显著，表明企业内部控制的完善有助于提高公允价值可靠性；相似的，两个测度独立审计质量的代理变量 *AbFee* 和 *IMS* 与公允价值可靠性 *Accuracy* 也呈现出显著的正向关系。这些检验的结果初步支持研究假设 H（7-1）、H（7-3）、H（7-5）。

同时，*Ob_Info* 与 *PowerCEO* 和 *CGBoard* 均在 5% 统计水平上显著正相关，表明公司内部治理越好，公允价值信息披露质量越高；*Ob_Info* 与内部控制变量 *Restatement*、*ICW* 也呈现出正相关性，分别在 10% 和 1% 水平下显著，然而与 *Dib* 内部控制指数没有显著关系；高质量的独立审计也在相关性分析结果中显示出具有提高信息披露质量的作用，其代理变量 *AbFee* 和 *IMS* 皆与 *Ob_Info* 在 1% 统计水平上显著正相关。相似的，*Lgth_Info* 也得到了一致的相关性结果，其与内外部治理变量均为正相关关系，其中 *PowerCEO*、*ICW*、*AbFee* 在 1% 统计水平上显著，与 *IMS* 在 5% 水平上显著，与 *CGBoard* 和 *Restatement* 在 10% 水平上显著。

三、回归分析

表 7-8 报告了公司治理对公允价值可靠性影响的检验结果。（1）列和（3）列显示，经理权力、董事会治理与公允价值可靠性之间的系数为 0.351 和 0.105，且 t 值均通过了 1% 的统计显著水平，表明当经理权力治理越好、董事会治理越好，即公司治理质量越高的样本公司，其公允价值可靠性越高，这支持了假设 H（7-1）。（2）列和（4）列为加入了交互项 *DisD* × *PowerCEO* 的回归结果，交互项系数为 0.556 和 0.245，且分别在 5% 和 1% 水平上显著，表明高质量的公司治理对管理者股权激励公允价值估计中自由裁量偏

表 7 - 7　相关系数分析

变量	Accuracy	DisD	PowerCEO	CgBoard	Dib	Restaement	ICW	AbFee	IMS	Obfus_Info	Length_Info
Accuracy	1										
DisD	-0.127***	1									
PowerCEO	0.159***	0.034	1								
CgBoard	0.078***	-0.043	-0.007	1							
Dib	0.109***	-0.015	0.005	0.087***	1						
Restaement	0.074***	0.045*	0.039	0.066**	0.118***	1					
ICW	0.050*	-0.012	-0.024	-0.046*	0.121***	0.084***	1				
AbFee	0.091***	-0.023	0.035	-0.057**	-0.033	-0.039	-0.032	1			
IMS	0.013*	-0.052*	-0.044	-0.031	0.025	0.031	0.042	0.110***	1		
Obfus_Info	0.053**	-0.035	0.061**	0.056**	0.011	0.053*	0.112***	0.119***	0.080***	1	
Length_Info	0.049*	-0.016	0.077***	0.045*	0.004	0.052*	0.110***	0.082**	0.059**	0.932***	1

注：***、**、* 分别表示在 1%、5%、10% 水平上显著。

差有一定的抑制作用，并有利于公允价值可靠性的提高（前已述及，自由裁量偏差与可靠性具有负相关性，因此交互项为正意味着公司治理削弱了自由裁量偏差与公允价值可靠性之间的关系），结果支持了假设 H（7 - 2）。以上结论与巴特（2013）的研究结论类似。此外，如图 7 - 1 和图 7 - 2 所示，每一单位 *PowerCEO* 或 *CGBoard* 的增加，导致在 *DisD* 对 *Accuracy* 的边际效应增加，即以公司治理为调节变量时，自由裁量偏差对可靠性的边际效应由负转正并随之增加，进一步支持假设 H（7 - 2）。

表 7 - 8   公司治理对公允价值可靠性的影响

$Y = Accuracy$	CEO 权力		董事会权力	
	（1）	（2）	（3）	（4）
DisD	- 0.747 * (- 1.67)	0.025 (0.05)	- 0.654 (- 1.48)	- 0.354 (- 0.85)
PowerCEO	0.351 *** (2.74)	0.066 (0.40)		
DisD × PowerCEO		0.556 ** (2.20)		
CGBoard			0.105 *** (3.21)	0.015 (0.39)
DisD × CGBoard				0.245 *** (3.85)
Size	- 0.649 ** (- 2.08)	- 0.647 ** (- 2.07)	- 0.648 ** (- 2.07)	- 0.707 ** (- 2.25)
ROA	- 0.105 (- 1.51)	- 0.108 (- 1.53)	- 0.107 (- 1.52)	- 0.127 * (- 1.82)
CFO	- 0.126 (- 0.40)	- 0.112 (- 0.36)	- 0.117 (- 0.38)	- 0.082 (- 0.26)
Lev	- 0.026 (- 0.17)	- 0.022 (- 0.14)	- 0.023 (- 0.15)	- 0.030 (- 0.20)
Gsales	- 0.091 (- 1.37)	- 0.089 (- 1.33)	- 0.089 (- 1.34)	- 0.080 (- 1.24)
Age	3.325 *** (3.93)	3.208 *** (3.88)	3.210 *** (3.91)	3.592 *** (4.18)
Constant	- 3.339 (- 0.71)	- 3.354 (- 0.72)	- 4.239 (- 0.88)	- 4.309 (- 0.90)

续表

$Y = Accuracy$	CEO 权力		董事会权力	
	（1）	（2）	（3）	（4）
Industry	Yes	Yes	Yes	Yes
Year	Yes	Yes	Yes	Yes
N	1390	1390	1390	1390
adj. R^2	0.097	0.104	0.092	0.102

注：括号内为经公司层面 Cluster 的 t 值；***、**、*分别表示在 1%、5%、10% 水平上显著（双侧）。

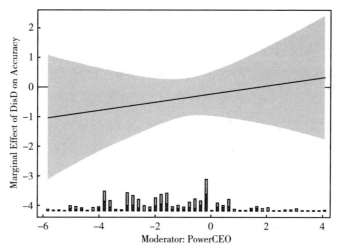

图 7－1　经理权力交互效果的边际效应

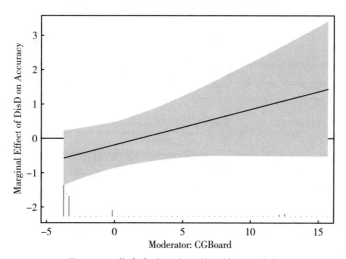

图 7－2　董事会治理交互效果的边际效应

当以迪博内控指数、财务重述以及内部控制缺陷为内部控制的代理变量与公允价值可靠性进行回归，结果如表7-9所示，（1）列、（3）列、（5）列显示内部控制变量与 *Accuracy* 的估计系数分别为0.081、1.175、1.394，且通过了1%统计显著性水平；自由裁量偏差的虚拟变量 *DisD* 与 *Accuracy* 负相关，与预期一致，说明与自由裁量偏差的影响不同，有效的内部控制可以提高公允价值可靠性，假设H（7-3）得到支持。（2）列、（4）列、（6）列的结果为，考虑内部控制是否对自由裁量偏差与公允价值可靠性之间的负向关系存在抑制作用。回归结果显示交互项 *DisD×PowerCEO* 与 *Accuracy* 均存在显著的正相关关系（分别在1%、5%、10%水平上显著）。这表明有效的内部控制有助于削弱管理者公允价值估计自由裁量行为对可靠性负面影响，这一结果支持假设H（7-4），与范经华等（2013）；坎农和贝达德（2017）的研究结果一致。控制变量方面，*Size* 与 *Accuracy* 均为负相关，且显著，说明公司规模与公允价值估计的可靠性负相关；而上市年限 *Age* 越久，公允价值可靠性越高。另外，如图7-3、图7-4及图7-5所示，尝试以交互效果的边际效应辅助解释，可以看出，内部控制变量发挥了调节作用，其有助于抑制管理者自由裁量对公允价值估计可靠性的负效应，边际提升可靠性，这进一步支持假设H（7-4）。

表7-9　　　　　　　　内部控制对公允价值可靠性的影响

Y = Accuracy	迪博内控指数		财务重述		内控缺陷	
	（1）	（2）	（3）	（4）	（5）	（6）
DisD	-0.673**	-5.628***	-0.719**	-2.129**	-0.691**	-3.270**
	（-1.98）	（-3.97）	（-2.11）	（-2.41）	（-2.03）	（-2.51）
Dib	0.081***	0.043				
	（3.55）	（1.41）				
DisD×Dib		0.074***				
		（3.95）				
Restatement			1.175***	0.388		
			（2.98）	（0.89）		
DisD×Restatement				0.183**		
				（2.09）		
ICW					1.394***	0.011
					（3.11）	（0.02）
DisD×ICW						0.311**
						（2.35）

续表

Y = Accuracy	迪博内控指数		财务重述		内控缺陷	
	（1）	（2）	（3）	（4）	（5）	（6）
Size	-0.807***	-0.810**	-0.659***	-0.666**	-0.640**	-0.674**
	（-3.20）	（-2.45）	（-2.65）	（-2.14）	（-2.58）	（-2.17）
ROA	-0.131***	-0.135**	-0.125***	-0.128*	-0.126***	-0.122*
	（-2.72）	（-1.97）	（-2.59）	（-1.84）	（-2.62）	（-1.75）
CFO	-0.090	-0.091	-0.120	-0.074	-0.064	-0.093
	（-0.29）	（-0.30）	（-0.38）	（-0.24）	（-0.20）	（-0.29）
Lev	-0.043	-0.047	-0.019	-0.029	0.003	0.003
	（-0.39）	（-0.31）	（-0.17）	（-0.20）	（0.03）	（0.02）
Gsales	-0.117**	-0.115*	-0.093*	-0.090	-0.106**	-0.106
	（-2.20）	（-1.71）	（-1.76）	（-1.38）	（-2.00）	（-1.58）
Age	3.599***	3.538***	3.578***	3.593***	3.665***	3.628***
	（6.63）	（4.11）	（6.59）	（4.13）	（6.73）	（4.22）
Constant	-7.202	-4.377	-4.963	-4.415	-5.931	-3.540
	（-1.51）	（-0.92）	（-1.05）	（-0.94）	（-1.25）	（-0.76）
Industry	Yes	Yes	Yes	Yes	Yes	Yes
Year	Yes	Yes	Yes	Yes	Yes	Yes
N	1390	1390	1390	1390	1390	1390
adj. R^2	0.094	0.101	0.092	0.095	0.092	0.102

注：括号内为经公司层面 Cluster 的 t 值；***、**、* 分别表示在1%、5%、10%水平上显著（双侧）。

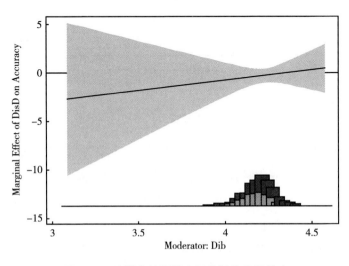

图 7-3　迪博内控指数交互效果的边际效应

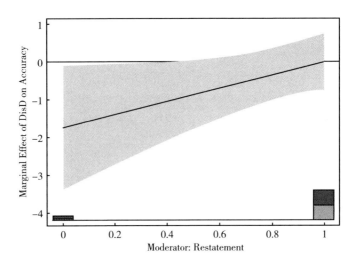

图 7 - 4　财务重述交互效果的边际效应

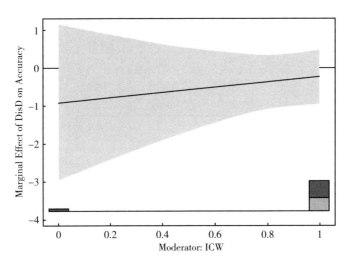

图 7 - 5　内控缺陷交互效果的边际效应

表 7 - 10 报告了独立审计对公允价值可靠性的影响,(1)列、(3)列的结果与预期一致,独立审计的代理变量 *AbFee* 和 *IMS* 对公允价值可靠性有提升作用,说明审计师的努力程度(非正常审计费用高)、事务所的行业专长有助于会计信息质量的保证,支持了假设 H(7 - 5)。(2)列、(4)列为加入交互项 *DisD × PowerCEO* 的回归结果,交互项系数均为正,且分别在 1% 和 5% 水平上显著,这表明独立审计质量越高,其越有助于抑制管理者公允价值

估计自由裁量偏差对可靠性的负相关作用，该结论与假设 H（7 - 6）一致，支持了克里斯滕森等（Christensen et al.，2014）；厄尔利等（Earley et al.，2014）的观点。图 7 - 6 和图 7 - 7 从交互效果的边际效应角度支持了研究结论，独立审计能够显著削弱自由裁量偏差对可靠性的负效应，进一步支持 H（7 - 6）。

表 7 - 10　　　　　　　　　独立审计对公允价值可靠性的影响

Y = Accuracy	异常审计收费		事务所行业专长	
	（1）	（2）	（3）	（4）
DisD	- 0. 713 ** （ - 2. 09）	- 0. 719 ** （ - 2. 11）	- 0. 675 ** （ - 1. 98）	- 1. 649 *** （ - 3. 01）
AbFee	0. 127 *** （2. 96）	0. 036 （0. 67）		
DisD × AbFee		0. 227 *** （2. 83）		
IMS			0. 939 *** （3. 17）	0. 446 （1. 21）
DisD × IMS				1. 275 ** （2. 27）
Size	- 0. 620 ** （ - 2. 50）	- 0. 625 ** （ - 2. 52）	- 0. 687 *** （ - 2. 76）	- 0. 684 *** （ - 2. 76）
ROA	- 0. 117 ** （ - 2. 42）	- 0. 115 ** （ - 2. 39）	- 0. 125 *** （ - 2. 61）	- 0. 128 *** （ - 2. 66）
CFO	- 0. 107 （ - 0. 34）	- 0. 099 （ - 0. 32）	- 0. 083 （ - 0. 26）	- 0. 070 （ - 0. 22）
Lev	- 0. 017 （ - 0. 15）	0. 003 （0. 03）	- 0. 020 （ - 0. 18）	- 0. 012 （ - 0. 10）
Gsales	- 0. 096 * （ - 1. 81）	- 0. 109 ** （ - 2. 05）	- 0. 089 * （ - 1. 69）	- 0. 098 * （ - 1. 84）
Age	3. 369 *** （6. 17）	3. 274 *** （6. 00）	3. 582 *** （6. 60）	3. 545 *** （6. 53）
Constant	- 3. 534 （ - 0. 75）	- 3. 893 （ - 0. 83）	- 4. 720 （ - 1. 00）	- 4. 662 （ - 0. 99）
Industry	Yes	Yes	Yes	Yes
Year	Yes	Yes	Yes	Yes
N	1390	1390	1390	1390
adj. R^2	0. 092	0. 096	0. 093	0. 095

注：括号内为经公司层面 Cluster 的 t 值；*** 、** 、* 分别表示在 1%、5%、10% 水平上显著（双侧）。

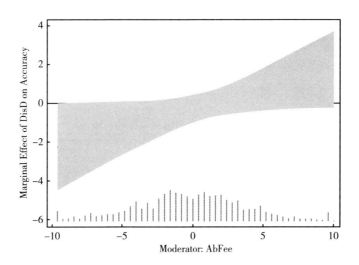

图 7 - 6 非正常审计收费交互效果的边际效应

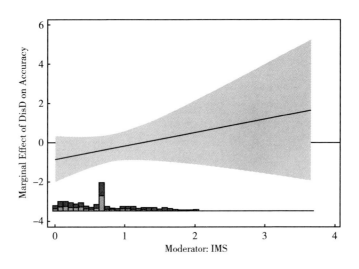

图 7 - 7 事务所行业专长交互效果的边际效应

结合前文的研究证据（包含第五章和第六章实证结果）和已有的研究结论，可以确定的是有效的内部外治理机制（公司治理、内部控制、独立审计）有助于缓解管理者基于机会主义的自由裁量偏差（通过削弱管理者自由裁量与公允价值可靠性的负向关系），从而提高公允价值估计可靠性。

表 7 - 11 报告了内外部治理机制对股权激励公允价值估计相关信息披露质量的影响。（1）列的结果显示，*PowerCEO*、*CGBoard* 与披露质量变量 *Ob_Info*

系数为正，且分别通过了 5% 和 1% 统计显著性水平，这表明有效的公司治理有助于上市公司年报附注中披露质量的提升；同样的，内部控制也对附注信息的披露有促进作用，（2）列中，除财务重述 *Restatament* 未达到显著水平外，*Dib*、*ICW* 系数为 0.010 和 0.224，且均在 1% 水平上显著；此外，（3）列结果也同样支持假设 H9，*AbFee*、*IMS* 均与 *Ob_Info* 呈负相关性，且分别在 5% 和 1% 水平上显著。

表 7 – 11　　　　　　　　内外部治理机制对股权激励公允价值
估计相关信息披露质量的影响

变量	Y = Obfus_Info			Y = Length_Info		
	（1）	（2）	（3）	（4）	（5）	（6）
PowerCEO	0.031 ** (2.31)			0.058 *** (2.80)		
CGBoard	0.010 *** (3.47)			0.012 *** (3.10)		
Dib		0.010 *** (3.03)			0.011 ** (2.00)	
Restatement		0.086 (1.57)			0.120 (1.38)	
ICW		0.224 *** (2.86)			0.307 ** (2.43)	
AbFee			0.015 ** (2.51)			0.019 ** (2.07)
IMS			0.081 *** (2.68)			0.115 *** (2.58)
Size	− 0.004 (− 0.16)	− 0.018 (− 0.70)	0.003 (0.11)	0.002 (0.04)	− 0.012 (− 0.31)	0.010 (0.24)
ROA	− 0.008 (− 1.52)	− 0.012 ** (− 2.09)	− 0.010 * (− 1.67)	− 0.015 * (− 1.79)	− 0.020 ** (− 2.30)	− 0.018 ** (− 1.99)
CFO	0.090 ** (2.21)	0.090 ** (2.18)	0.091 ** (2.17)	0.175 *** (2.69)	0.178 *** (2.68)	0.179 *** (2.65)
Lev	− 0.006 (− 0.34)	− 0.004 (− 0.21)	− 0.004 (− 0.21)	− 0.009 (− 0.34)	− 0.005 (− 0.18)	− 0.006 (− 0.22)
Gsales	0.003 (0.36)	− 0.003 (− 0.41)	0.002 (0.23)	0.005 (0.42)	− 0.002 (− 0.18)	0.004 (0.31)

续表

变量	Y = Obfus_Info			Y = Length_Info		
	(1)	(2)	(3)	(4)	(5)	(6)
Age	− 0.335 *** (− 3.36)	− 0.285 *** (− 3.00)	− 0.333 *** (− 3.41)	− 0.586 *** (− 3.74)	− 0.512 *** (− 3.44)	− 0.573 *** (− 3.74)
Constant	6.681 *** (15.88)	5.922 *** (13.90)	6.648 *** (15.76)	11.418 *** (18.28)	10.448 *** (16.67)	11.321 *** (18.60)
Industry	Yes	Yes	Yes	Yes	Yes	Yes
Year	Yes	Yes	Yes	Yes	Yes	Yes
N	1390	1390	1390	1390	1390	1390
adj. R^2	0.146	0.159	0.146	0.112	0.117	0.110

注：括号内为经公司层面 Cluster 的 t 值；*** 、** 、* 分别表示在 1% 、5% 、10% 水平上显著（双侧）。

当以我国上市公司年报附注中"股份支付"部分的文本字符数大小的自然对数（*Lgth_Info*）为因变量时，回归结果基本一致。（4）列为公司治理变量对的 *Lgth_Info* 影响，其中，*PowerCEO* 系数为 0.031，通过了 5% 的统计显著水平；*CGBoard* 系数为 0.010，在 1% 水平上显著，说明公司治理能够促进附注披露信息质量的提升。（5）列的内部控制变量中，*Dib* 和 *ICW* 的系数为正，且均在 5% 水平上显著，意味着拥有较好的内部控制指数和未存在内控缺陷的样本公司的信息披露质量更高。（6）列的结果为 *Abfee*、*IMS* 与 *Lgth_Info* 的关系，他们均存在显著的正相关关系，分别在 5% 和 1% 水平上显著，表明审计师努力程度与事务所行业专长能够显著的提升公允价值估计相关信息的披露质量。

总之，有效的内外部治理机制（包含公司治理、内部控制、独立审计）显著促进附注信息披露质量的提升，支持了假设 H（7 - 7），这有助于保证公允价值估计的可靠性，同时，可能抑制管理者自由裁量权对公允价值相关性的负效应，从而改善自由裁量偏差导致的负面市场反应。

四、稳健性检验

（一）改变内外部治理机制的代理变量

首先，更改经理权力变量的度量方法。通过对 CEO 权力八个虚拟变量指标的相关性分析，发现这些变量间的相关性较低，最高的相关系数仅有 0.192，因此尝试通过加和求平均数的方法合成综合 CEO 综合权力指标具有一定的合理性。基于此，借鉴权小锋和吴世农（2010）的方法进行稳健性检验，将以上八个 CEO 权力虚拟变量指标直接相加求平均数（$PowerCEO_{avg}$），最终获得取值介于 [0, 1] 之间。

此外，借鉴范经华等（2013）的研究方法，采用相对保守的行业市场组合指标估计事务所行业专长。为了避免营业收入为负无法取平方根的情况，以审计客户的总资产代替审计费用，得到事务所专长的度量指标 MSA，具体计算公式为：$MSA_{ik} = \sum_{j=1}^{J} \sqrt{Asset_{ikj}} / \sum_{k=1}^{K} \sum_{j=1}^{J} \sqrt{Asset_{ikj}}$，其中，$Asset$ 为事务所在金融行业中的客户资产总额的平方根之和，其与金融行业所有资产总额的平方根之和的比值为 MSA。MSA 值越大表明事务所金融行业专长越强。

通过上述变量重新执行模型回归，发现结果未发生改变。如表 7 - 12 Panel A 所示，在将治理机制变量替换为 $PowerCEO_{avg}$ 和 MSA 后，他们与可靠性 $Accuracy$ 之间系数依然为正，且均在 5% 水平上显著如（1）列和（3）列所示。加入交互项后，$DisD \times PowerCEO_{avg}$ 和 $DisD \times MSA$ 系数分别为 0.763 和 0.134，且均通过 5% 显著性水平，说明内外部治理有助于削弱自由裁量对公允价值可靠性的负相关性的回归结果具有稳健性。Panel B 的结果报告了替换后的解释变量对附注信息披露质量的影响结果，$PowerCEO_{avg}$、MSA 对 $Obfus\_Info$ 和 $Length\_Info$ 均存在促进效果，回归系数均为正，且均在 1% 水平上显著，这表明治理机制提升了附注信息披露质量，有助于缓解管理者机会主义动机导致自由裁量偏差所产生的负面市场反应，前文结果具有稳健性。

表 7 - 12　　　　　　　　改变治理机制变量的稳健性检验

Panel A：改变的代理变量对公允价值可靠性的影响

$Y = Accuracy$	经理权力		事务所行业专长	
	（1）	（2）	（3）	（4）
$DisD$	-0.691 （-1.44）	0.314** （2.02）	-0.675 （-1.52）	-0.169** （-2.40）
$PowerCEOavg$	0.335** （2.41）	-0.534 （-0.34）		

续表

Panel A：改变的代理变量对公允价值可靠性的影响

Y = Accuracy	经理权力		事务所行业专长	
	（1）	（2）	（3）	（4）
DisD × PowerCEOavg		0.763** (2.59)		
MSA			0.939** (2.47)	0.359 (0.84)
DisD × MSA				0.134** (2.10)
Size	−0.663* (−1.85)	−0.675* (−1.94)	−0.687** (−2.17)	−0.691** (−2.19)
ROA	−0.149** (−1.99)	−0.144* (−1.91)	−0.125* (−1.79)	−0.129* (−1.85)
CFO	−0.029 (−0.08)	−0.026 (−0.08)	−0.083 (−0.26)	−0.059 (−0.19)
Lev	−0.053 (−0.32)	−0.046 (−0.28)	−0.020 (−0.14)	−0.017 (−0.11)
Gsales	−0.108 (−1.52)	−0.104 (−1.47)	−0.089 (−1.38)	−0.094 (−1.44)
Age	4.193*** (3.70)	4.089*** (3.73)	3.582*** (4.06)	3.576*** (4.08)
Constant	−3.061 (−0.55)	−4.724 (−0.86)	−4.720 (−0.98)	−4.529 (−0.94)
Industry	Yes	Yes	Yes	Yes
Year	Yes	Yes	Yes	Yes
N	1390	1390	1390	1390
adj. R^2	0.095	0.107	0.093	0.095

Panel B：改变的代理变量对附注信息披露质量的影响

变量	Y = Obfus_Info		Y = Length_Info	
	（1）	（2）	（3）	（4）
PowerCEOavg	0.491*** (3.69)		0.823*** (4.00)	
MSA		0.094*** (3.01)		0.132*** (2.84)

Panel B：改变的代理变量对附注信息披露质量的影响

变量	Y = Obfus_Info		Y = Length_Info	
	（1）	（2）	（3）	（4）
Size	−0.008 （−0.31）	−0.000 （−0.01）	−0.014 （−0.37）	0.005 （0.13）
ROA	−0.008 （−1.34）	−0.010 * （−1.86）	−0.016 * （−1.77）	−0.019 ** （−2.17）
CFO	0.117 *** （2.80）	0.097 ** （2.29）	0.210 *** （3.18）	0.186 *** （2.76）
Lev	0.003 （0.14）	−0.004 （−0.21）	−0.004 （−0.12）	−0.006 （−0.22）
Gsales	−0.004 （−0.43）	0.002 （0.27）	−0.006 （−0.43）	0.004 （0.34）
Age	−0.480 *** （−3.91）	−0.314 *** （−3.25）	−0.691 *** （−3.53）	−0.548 *** （−3.61）
Constant	7.595 *** （16.77）	6.546 *** （15.62）	12.596 *** （19.02）	11.190 *** （18.47）
Industry	Yes	Yes	Yes	Yes
Year	Yes	Yes	Yes	Yes
N	1390	1390	1390	1390
adj. R^2	0.157	0.142	0.123	0.107

注：括号内为经公司层面 Cluster 的 t 值；***、**、* 分别表示在 1%、5%、10% 水平上显著（双侧）。

（二）基于固定效应模型的检验

为了避免因遗漏公司个体变量影响结论可靠性，采用固定效应回归方法检验结论稳健性。结果如表 7 − 13 所示，在控制公司个体差异之后，回归结果与前文基本一致，仅有 Panel B 中（5）列的 ICW 和 Panel C 中（6）列的 DisD × IMS 未通过显著性，其余控制变量结果也基本与主回归中一致。这支持了假设，即公司内外部治理机制有助于削弱管理者自由裁量对公允价值可靠性的负向关系。

表 7 - 13   固定效应回归的稳健性检验

Panel A：公司治理对公允价值可靠性的影响

$Y = Accuracy$	CEO 权力		董事会权力	
	（1）	（2）	（3）	（4）
DisD	- 0.298	0.590	- 0.292	- 0.112
	（- 0.94）	（1.56）	（- 0.91）	（- 0.34）
PowerCEO	0.514 ***	0.169		
	（5.27）	（1.34）		
DisD × PowerCEO		0.627 ***		
		（4.27）		
CGBoard			0.119 ***	0.051
			（3.09）	（1.12）
DisD × CGBoard				0.159 ***
				（2.87）
Size	- 1.448 ***	- 1.496 ***	- 1.555 ***	- 1.545 ***
	（- 4.66）	（- 4.84）	（- 4.95）	（- 4.94）
ROA	- 0.063	- 0.070	- 0.082 *	- 0.083 *
	（- 1.35）	（- 1.51）	（- 1.74）	（- 1.77）
CFO	- 0.238	- 0.208	- 0.142	- 0.146
	（- 0.88）	（- 0.78）	（- 0.53）	（- 0.54）
Lev	- 0.082	- 0.089	- 0.073	- 0.067
	（- 0.66）	（- 0.73）	（- 0.59）	（- 0.54）
Gsales	- 0.077 *	- 0.077 *	- 0.078 *	- 0.074
	（- 1.72）	（- 1.72）	（- 1.72）	（- 1.64）
Age	4.515 ***	4.377 ***	4.842 ***	4.842 ***
	（6.25）	（6.08）	（6.67）	（6.71）
Constant	6.420	7.309	6.693	6.655
	（1.30）	（1.49）	（1.34）	（1.34）
Company	Yes	Yes	Yes	Yes
Year	Yes	Yes	Yes	Yes
N	1390	1390	1390	1390
adj. R^2	0.103	0.101	0.111	0.126

续表

Panel B：内部控制对公允价值可靠性的影响						
Y = Accuracy	迪博内控指数		财务重述		内控缺陷	
	（1）	（2）	（3）	（4）	（5）	（6）
DisD	− 0.247 （− 0.77）	− 3.770 *** （− 2.90）	− 0.279 （− 0.87）	− 1.130 * （− 1.94）	− 0.269 （− 0.83）	− 1.649 ** （− 2.47）
Dib	0.038 * （1.88）	0.012 （0.52）				
DisD × Dib		0.053 *** （2.80）				
Restatement			0.678 ** （2.12）	0.241 （0.59）		
DisD × Restatement				0.108 * （1.75）		
ICW					0.506 （1.20）	− 0.186 （− 0.36）
DisD × ICW						0.163 ** （2.35）
Size	− 1.547 *** （− 4.90）	− 1.542 *** （− 4.91）	− 1.484 *** （− 4.74）	− 1.501 *** （− 4.79）	− 1.470 *** （− 4.69）	− 1.429 *** （− 4.60）
ROA	− 0.080 * （− 1.70）	− 0.083 * （− 1.78）	− 0.081 * （− 1.73）	− 0.080 * （− 1.70）	− 0.084 * （− 1.79）	− 0.085 * （− 1.81）
CFO	− 0.134 （− 0.49）	− 0.132 （− 0.49）	− 0.145 （− 0.54）	− 0.137 （− 0.51）	− 0.133 （− 0.49）	− 0.153 （− 0.56）
Lev	− 0.074 （− 0.59）	− 0.081 （− 0.65）	− 0.072 （− 0.58）	− 0.074 （− 0.60）	− 0.068 （− 0.54）	− 0.067 （− 0.55）
Gsales	− 0.091 ** （− 1.98）	− 0.091 ** （− 1.97）	− 0.077 * （− 1.68）	− 0.074 （− 1.64）	− 0.081 * （− 1.78）	− 0.083 * （− 1.83）
Age	4.904 *** （6.80）	4.869 *** （6.79）	4.921 *** （6.78）	4.912 *** （6.78）	4.942 *** （6.80）	4.830 *** （6.76）
Constant	3.827 （0.76）	5.669 （1.12）	5.015 （1.01）	5.590 （1.12）	4.676 （0.93）	5.069 （1.02）
Company	Yes	Yes	Yes	Yes	Yes	Yes
Year	Yes	Yes	Yes	Yes	Yes	Yes
N	1390	1390	1390	1390	1390	1390
adj. R^2	0.092	0.094	0.096	0.097	0.093	0.088

续表

Panel C：独立审计对公允价值可靠性的影响

$Y = Accuracy$	异常审计收费		事务所行业专长	
	（1）	（2）	（3）	（4）
DisD	− 0.243 （− 0.76）	− 0.282 （− 0.88）	− 0.217 （− 0.68）	− 0.672 （− 1.35）
AbFee	0.217 *** （4.75）	0.147 *** （2.80）		
DisD × AbFee		0.188 *** （2.68）		
IMS			1.428 *** （4.90）	1.199 *** （3.44）
DisD × IMS				0.580 （1.19）
Size	− 1.400 *** （− 4.48）	− 1.374 *** （− 4.41）	− 1.479 *** （− 4.73）	− 1.461 *** （− 4.68）
ROA	− 0.072 （− 1.55）	− 0.071 （− 1.53）	− 0.085 * （− 1.83）	− 0.087 * （− 1.87）
CFO	− 0.212 （− 0.79）	− 0.198 （− 0.74）	− 0.149 （− 0.56）	− 0.148 （− 0.55）
Lev	− 0.068 （− 0.55）	− 0.052 （− 0.42）	− 0.099 （− 0.80）	− 0.093 （− 0.75）
Gsales	− 0.080 * （− 1.76）	− 0.090 ** （− 2.00）	− 0.073 （− 1.62）	− 0.077 * （− 1.70）
Age	4.688 *** （6.46）	4.612 *** （6.37）	4.943 *** （6.80）	4.895 *** （6.75）
Constant	6.116 （1.23）	5.491 （1.11）	4.863 （0.98）	4.831 （0.97）
Company	Yes	Yes	Yes	Yes
Year	Yes	Yes	Yes	Yes
N	1390	1390	1390	1390
adj. R^2	0.112	0.117	0.117	0.117

注：括号内为经公司层面 Cluster 的 t 值；*** 、** 、* 分别表示在1%、5%、10%水平上显著（双侧）。

第五节　本章小结

本章基于我国上市公司股权激励公允价值估计表外信息披露的独特数据，以 2006~2017 年我国沪深两市 A 股实施股权激励的上市公司作为研究样本，实证考察公允价值估计中的管理者自由裁量行为的内外部治理机制，重点从公司治理、内部控制以及独立审计三方面进行。实证研究的主要结论如下。

第一，经理权力和董事会治理显著提高公允价值估计的可靠性，说明有效的公司治理对管理者股权激励公允价值估计中自由裁量偏差有一定的抑制作用，并有利于公允价值可靠性的提高。

第二，完善的内部控制体系有助于削弱管理者公允价值估计自由裁量对可靠性负面影响，体现为有着较高迪博内控指数、不存在财务重述和内控缺陷的样本公司的公允价值可靠性更高。

第三，独立审计质量越高，其越有助于抑制管理者公允价值估计自由裁量偏差对可靠性的负相关作用，从而提升公允价值可靠性。

第四，无论是内部公司治理、内部控制还是外部独立审计，均显著的提升公允价值估计相关信息的披露质量。

|第八章|
研究结论与政策建议

在非活跃市场环境下，公允价值因主要依赖主观估计与判断，充斥着大量管理者自由裁量行为，对会计信息质量及其资源配置效率造成重要影响。然而，自由裁量行为犹如一个"黑箱"，其如何影响信息质量始终是理论研究者关注的重点，同时成为各国资本市场监管层与准则制定层亟待解决的重要难题。我国自 2014 年 7 月 1 日实施《企业会计准则第 39 号——公允价值计量》才对公允价值有了明确的定义和规范，但是，无论其自身的理论框架完善度、实际运用成熟度还是所处的制度环境都可能与西方成熟的资本市场存在一定的差距，特别是对于非活跃市场下的公允价值，各界一直存在质疑。同时，我国资本市场股权激励制度亦处于发展阶段，普遍存在自定薪酬、自谋福利的现象。那么，股权激励的公允价值估计是否会因其依赖管理层主观估计与判断，导致自由裁量行为并产生经济后果性？具体而言，管理者股权激励公允价值估计中是否存在，又是如何实施自由裁量的？其背后动机是什么？在管理者的自由裁量动机下，会产生怎样的经济后果？又存在哪些治理机制可以有效完善公允价值会计的运用？立足于中国"新兴＋转轨"的特殊制度背景，以股权激励公允价值估计中的管理者自由裁量行为为研究对象，从理论与经验上回答这些问题对当前我国公允价值运用的进一步规范与推行具有极其重要的理论与现实意义。

基于此，在文献回顾的基础上，首先，结合国内外公允价值的发展历程，梳理了股权激励公允价值估计中管理者自由裁量行为的主要观点；其次，构建了关于股权激励公允价值估计中管理者自由裁量的"行为识别与测度→行为动机→行为后果→缓解机制"这一理论分析框架，并发展了研究假设；最后，为这一理论框架提供了经验证据，检验了假设。

第一节　研究结论

本书利用手工收集的股权激励公允价值估计的表外披露信息，以 2006～2017 年我国 A 股资本市场实施股权激励的上市公司为研究样本，考察了股权激励公允价值估计中自由裁量行为动机、经济后果以及治理机制。总体研究结论是：在股权激励公允价值估计中，管理者确实存在一定程度的自由裁量行为，且这种行为更多是由管理层的机会主义动机驱使的，这显著影响了会计信息质量，并可能造成负面市场反应，而内外部治理机制对缓解这一问题起了重要作用。

一、管理者自由裁量行为的识别与测度研究结论

第一，公允价值对输入参数的敏感度测试结果表明，在增加/减少估计参数输入值的 10% 水平后，波动性对于公允价值估算拥有着最明显的反应（6%），随后为期权期限（5%）、无风险利率（4%）以及预计股利支付率（2%）。这初步表明管理者基于 B-S 定价模型参数输入值的自由裁量会对公允价值产生一定影响。

第二，通过对公司特征、股权激励价值相关信息、公允价值估值模型输入参数以及其历史经验值和行业基准值的描述性统计分析，结果显示，样本公司个体差异明显（如规模、利润等）、拥有较为多样的股权激励计划（期权授予情况差异较大），表明样本公司具有较为广泛的区间。同时，将历史经验值和行业基准值与公司披露的估值参数输入值进行比较，发现它们之间的均值和中位数差异均为显著（除披露的股利支付率与历史经验值差值外），说明管理者可能对各输入参数分别进行了自由裁量，而各参数的自由裁量所形成的聚集效应，可能最终对股权激励公允价值产生影响。

第三，尝试通过考察披露的股权激励公允价值与估计的股权激励公允价值（以估计的参数值进行 B-S 定价模型计算得到）之间的差值，识别管理者自由裁量行为是否存在。经验证据表明，股价波动率、无风险收益率以及期权期限被低估，股利支付率被高估，而基于以上四种参数计算的公允价值被显著低估，这体现了管理者存在对各参数值的自由裁量行为，并且由于参数

值的自由裁量偏差，最终导致股权激励公允价值估计产生偏差，进一步证明管理者存在对于股权激励公允价值估计的自由裁量行为，更为重要的是，这种自由裁量行为可能并非偶然。

二、管理者自由裁量的行为动机研究结论

第一，在股权激励公允价值估计中，管理者存在明显的自由裁量行为，导致公允价值普遍被低估。并且，公司盈余管理动机（盈利水平越低、股票期权费用越大）和薪酬自利动机（未实现激励股权价值越大、过度薪酬支付越严重）越强，股权激励公允价值低估程度越大。但是，公司财务风险与经营风险以及股利支付与公允价值估计偏差没有显著相关关系。这说明，上市公司管理者在公允价值估计中实施自由裁量的信息传递动机不明显。

第二，当公司治理质量较低、外部审计监管较差时，管理者自由裁量的机会主义动机更占主导。总体上，上市公司管理者股权激励公允价值估计中存在机会主义动机的自由裁量行为，降低了会计信息的有用性。

三、管理者自由裁量行为的经济后果研究结论

第一，在管理者机会主义动机下，股权激励公允价值估计的自由裁量显著降低了会计信息的可靠性；但是，如果管理者基于信息传递动机高估股权激励公允价值，管理者自由裁量显著提高了公允价值估计的可靠性。

第二，股权激励公允价值估计中的管理者自由裁量行为具有价值相关性，体现为对股价的显著降低；当以公允价值信息可靠性分组后，这一关系仅在可靠性较低的组间显著，说明在非活跃的市场环境中，市场投资者在不可靠的会计信息下无法准确识别管理者的自由裁量行为，因而受到管理者自由裁量程度的影响，并最终形成负面市场反应。

第三，附注披露的信息质量显著提高了公允价值可靠性，特别是在信息传递动机较强的公司更为明显，这表明管理者基于信息传递动机进行自由裁量时，有助于附注披露信息质量对公允价值可靠性提升；同时，研究发现相比于附注披露信息质量较低的公司，附注披露信息质量较高的公司能够有效降低管理者自由裁量对股价价值相关性的负效应，这可能在一定程度上缓解了自由裁量偏差导致的负面市场反应。

四、管理者自由裁量行为的治理机制研究结论

第一，有效的公司治理机制对股权激励公允价值估计中管理者自由裁量偏差有一定的抑制作用，具体体现为有着较高经历权力和董事会治理水平的样本公司的公允价值可靠性更高。

第二，上市公司内部控制质量与管理者公允价值估计自由裁量对可靠性显著正相关，体现为有着较高迪博内控指数、不存在财务重述和内控缺陷的样本公司的公允价值可靠性更高。

第三，高质量的独立审计（非正常设计费用越高、事务所的行业专长越强）能够显著削弱管理者公允价值估计自由裁量对可靠性的负面影响。

第四，内部公司治理、内部控制和外部独立审计均与公允价值信息相关的附注披露的信息质量（文本文件大小、字符数长度）显著正相关（除财务重述外），表明内外部治理机制有助于抑制管理层机会主义的自由裁量行为，对提升公允价值估计相关信息披露质量至关重要。

第二节 政策建议

纵观本书研究结论，基本支持了我国公允价值会计特别是基于非活跃市场的股权激励公允价值估计中所产生的管理者自由裁量行为在引导企业管理层进行有效资源配置行为中的非完全有效性，甚至产生了一定的负面经济后果性。当然，笔者认为，不能因此而完全否定当前我国公允价值会计的运用，虽然公允价值准则与会计制度的推行所带来的负面经济后果与其本身设计的合理性较为相关，但是，其所处的制度环境亦不容忽视。因此，完善我国公允价值会计，特别是有效改善非活跃市场下管理者自由裁量行为，一方面，要从公允价值会计有效实施的微观视角出发，通过规范公允价值运用、提高其运用的准确程度，同时，保证公允价值必要时的自由裁量行为并非管理者的机会主义行为，以此提高公允价值会计的信息质量；另一方面，由企业内部与外部，从中观到宏观，完善公允价值会计的准则制定，改善公允价值运行的制度环境，加强内外部治理机制对股权激励公允价值估计中管理者机会主义自由裁量行为的治理与监督。最终，基于"微观改善—中观治理—宏观

监管"的整体框架下，为股权激励公允价值估计中的管理者自由裁量行为提供一个合理管控、相互补充、有效促进的整体运行机制，具体如图 8 – 1 所示，并参考研究结论，提出如下政策建议。

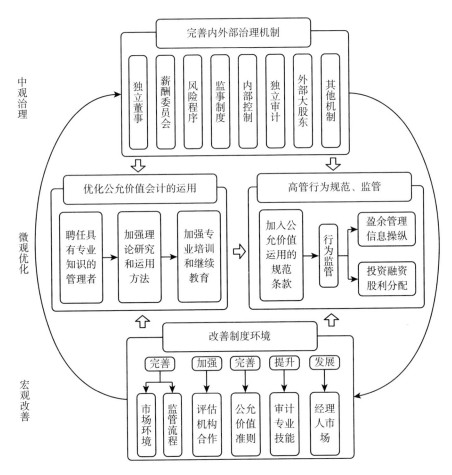

图 8 – 1　我国上市公司公允价值会计运用完善与监管模型

一、优化公允价值会计的运用，保障估计准确程度

当前我国股权激励公允价值估计中存在管理者机会主义的自由裁量行为，产生一定程度的负面影响，首要原因是公允价值会计的运用存在一定问题，其中主要是由管理者自身因素导致的。当前企业经营管理中，管理者作为决策主体已呈现出越来越大的差异性，其对于管理层决断权行使的感知、方式、

能力与责任各有不同，并最终对企业财务报表等产生显著差异影响（张三保和张志学，2014）。企业，即便在其内部特征、治理结构、外部环境皆较为相似的情况下，在经营决策时也可能表现不同。现有研究对这一现象进行解释，管理层的异质性，如性格、学习背景、政治背景、专业能力等各方面的不同，导致他们的行为决策时有较大差异，并最终影响了企业的会计数字和经营状况（李四海，2012）。大量经验研究表明，由于公允价值估计主要依赖于不可观察的输入值，形成管理者自由裁量行为，这在很大程度上受到管理者是否拥有专业估值知识以及能力的影响，若管理者的公允价值估计是基于自身的主观非专业判断，将严重影响公允价值的信息质量（Khurana and Kim，2003；ABA，2009，2010；Johnson，2008；Barth and Landsman，2010；Laux and Leuz，2009；邓永勤和康丽丽，2015；郭飞等，2017）。基于此，提出如下政策建议。

第一，管理层的专业背景能提高股权激励公允价值估计的可靠性和价值相关性。因此，企业应考虑聘任具有金融、财务、资产评估等专业知识的管理人员参与到公允价值估值过程，以确保估值结果的真实和公允。

第二，面对非活跃市场下的公允价值会计，计量方法是保证其运用合理的关键。具体地，首先，企业应加强计量方法的理论研究，当前我国对公允价值主要借助市场法、收益法与成本法进行估算，然而，却未有明确准则或法律法规对计量方法的选择作出指引或规范。在这一情况下，企业应加强自身对于相关计量方法的理论研究，包括不同方法的运用条件与环境、参数的选择、模型的使用等，同时将计量方法与自身经营状况相结合，选取最能公允反应价值的方法，以此提高计量方法选取的合理性和运用的准确性。其次，加强对涉及股权激励公允价值估值的管理层的专业培训和继续教育，提高其专业能力和道德水平，保证公允价值估值过程既能反映管理层的专业能力，也能抑制管理层利用其专业优势进行的自利行为。

第三，适当考虑加入企业股权激励公允价值运用的规范条款，特别是在非活跃市场下，对公允价值估计中所涉及模型、参数等的限制。一方面，结合企业情况，明确股权激励公允价值会计的主要用途与相关监管措施，防止管理层利用自由裁量实施自利行为；另一方面，保证了估值参数、模型等选取的合理性，加强了股权激励公允价值估计的可靠性和相关性。股权激励的公允价值，作为依靠定价模型进行估计的权益工具价值，在不同的个体企业之间，具有同源异流的特征。具体地，公允价值虽然以反映公允、真实的价格为出发点，但企业在运用过程中却可以通过参数调整、模型选择等方法实现不同的目的。特别是，我国股权激励制度发展较晚，多数企业并无行业标准或历史值进行参考，这导致了企业在首次进行股权激励公允价值估计时可完全依赖管理层主观判断实施，因此，企业对于管理者在公允价值运用过程中设定适当的规范条款，以此提供合理参考和限制是十分必要的。

二、完善内外部治理机制，强化自由裁量的制衡约束功能

公司内外部治理机制的完善程度直接影响了股权激励公允价值估计的有效性。相比于西方市场，我国上市公司内外部治理机制尚不健全，且具有一定的特殊性。首先，公司内部治理结构较为复杂，如"一股独大"的股权结构、"内部人控制"的经理绝对控制权力等；其次，我国内部控制制度起步较晚，且基本规范与配套指引是参照和照搬美国反虚假财务报告委员会下属的发起人委员会（The Committee of Sponsoring Organizations of The National Commission of Fraudulent Financial Reporting，COSO）于 1992 年颁布的《内部控制——综合框架》及 COSO 委员会于 2004 年颁布的《企业风险管理框架》（ERM）建立的，缺乏与我国上市公司情况的联系，企业内部控制有效性较低（樊行健和肖光红，2014）。另外，虽然改革开放之后，尤其是 20 世纪 90 年代之后，我国市场的外部治理环境水平已经得到了一定提升，但是结合中国"新兴 + 转轨"的资本市场现状，仍然存在许多问题。因此，完善公司内外部治理机制，对完善股权激励公允价值估计中的管理者自由裁量行为至关重要。基于此，结合研究结论，提出如下政策建议。

第一，建立健全薪酬委员会与考核委员会，强化其独立性、公正性与客观性，减少管理层在股权激励设计、授予及实施过程中的机会主义行为；提高独立董事的参与以及独立性，有效抑制管理者因掌握股权激励基本价值和估计模型、参数值的私有信息而产生的道德风险问题；建立风险管理程序，以此提供给管理者高质量的数据和工具估计公允价值，从而最小化公允价值估计中管理者无目的的估计误差；提升监事会的监督力度，建立并推行独立监视制度，选举具有相关专业背景的监事对公允价值估计过程进行监督。

第二，建立公司内部高质量的内部控制环境、保证内部控制执行情况，其完善程度和执行情况将对会计信息产生重大影响，特别是，当"风险"成为公允价值会计与内部控制的契合点时，内部控制质量的高低在这一长期完善的动态过程中显得尤为重要。具体地，企业应拓宽内部控制体系建设范围，在充分考虑公司业务特征、经营情况、人员结构等的基础上，督促建立完善、合理及有效的内部控制体系，保证内部控制目标的实现；强化内部审计和审计委员会的内部控制监督作用，改变原有我国企业内部控制实践普遍存在的"重建设、轻执行和监督"的现象；完善内部控制缺陷披露机制，明确、细化企业内部控制缺陷及整改措施等内容（周守华等，2013）。

第三，建立良好的外部治理机制有助于对管理层的行为进行监督和制约，抑制其在股权激励公允价值估计中的机会主义自利行为。外部治理种类众多，如产品竞争市场、经理人市场、政府干预水平、市场进程、法治水平等，其中，从中观视角进行分析，外部独立审计、外部大股东持股能够有效的抑制管理者自利行为，同时提升公允价值信息的质量。企业应雇佣具有金融行业专长、审计质量较高的审计师团队，从而保证会计信息的可靠性，尤其是具有较高估计不确定性的公允价值信息；另外，鼓励外部大股东积极监督管理层在股权激励公允价值估计中的自由裁量行为，并通过经理人市场的竞争评价机制，根据他们的行为影响其市场声誉和人力资本。

三、加强监管、规范准则，完善制度运行的市场环境

无论在西方国家还是在我国，公允价值会计从建立到初步发展，从瓶颈期到进一步完善都是在政府的推动下进行。政府力量作为推动公允价值会计发展的关键力量之一，对如何引导企业进行有效的资源配置行为，如何对管理层形成有效激励和约束，以及如何提升公允价值的信息质量及保证正面的市场反应起着重要作用。政府相关部门对公允价值会计的进一步完善，并非仅仅作用于其自身，也能对其运用有关的外部市场环境形成治理作用并最终反作用于公允价值会计，发挥治理效应。因此，结合前文研究，提出如下政策建议。

第一，完善市场环境和监管流程。不成熟的市场经济可能是公允价值会计应用的一道屏障，也是公允价值会计监管的重要障碍。首先，从目前我国

资本市场情况来看，市场体系不完整、管制不严格、可交易品种有限以及市场活跃度不足等都严重制约公允价值会计运用的有效性。因此，未来我国应通过提高资本市场活跃程度，放松对私有企业（如民营和外资）的管制，加大交易规模和种类，增强市场竞争，使得公允价值能够得到更加公允和真实的反映。其次，应考虑将监管方式由重视事前审批转为在实施事前审批的同时，加强事中监管与事后惩罚，对整体流程进行监管。

第二，加强与第三方专业评估机构的合作。公允价值计量，特别是在非活跃市场下的估值技术一直以来都是监管的核心问题。估值技术的专业性为企业公允价值估计创造了可操控的空间，同时为相关部门监管提供了难点。因此，借助第三方评估机构的专业技术和独立性，可以在满足企业专业估值需求的同时，加强估值鉴证，从而保证公允价值信息的可靠性和透明度。例如国际财务报告准则基金会（IFRS Foundation）与国际评估准则理事会（International Valuation Standards Council，IVSC）在 2014 年初发布联合声明，宣布将就公允价值领域展开有效合作，以此促进财务报告公允价值计量的一致性。

第三，进一步完善公允价值会计准则。准则制定者应借鉴 FASB 和 IASB 对非活跃市场环境下公允价值计量的研究成果，进一步规范我国公允价值会计准则（如《企业会计准则第 39 号——公允价值计量》），制定适合我国国情和资本市场发展现状的准则指南，同时明晰非活跃市场概念的界定及其范围；特别是，对于第三层次公允价值估值，应提供更为具体的输入值选择参考，例如在何种情境下可选用怎样的参数值以及相关案例解释；此外，应结合《企业会计准则第 11 号——股份支付》，加强对股权激励公允价值输入值的披露，将企业如何选取非活跃市场下公允价值估计的输入值披露于报表附注中，包括采用的模型、参数及其依据等，而非仅将选取后的输入值简单列示。

第四，提升独立审计师的专业技能。高质量的外部审计有助于对管理层的行为进行监督和制约，抑制其在股权激励公允价值估计中的机会主义自利行为。然而，由于我国资本市场中活跃市场数据缺失严重，并且审计师专业估值技能不足，较难提供非活跃市场下公允价值估计的有效审计服务（王守海等，2014；杨书怀，2018）。因此，中国注册会计师协会应该在规则引导的同时，鼓励会计师事务所加强审计师的金融、资产评估等领域的专业技术能力。此外，中注协和事务所应引导审计师将不确定性风险纳入审计判断（杨书怀，2018），以此更为准确地评估企业在股权激励公允价值估计中的主观判断是否合理，从而确保了高度不确定下的非活跃市场公允价值计量的审计质量。

第五，建立并发展我国经理人市场。当前我国经理人市场发展较为不完善，导致经理人声誉成本和工作转换成本较低，这为管理者获取私利提供了机会，特别是当股权激励公允价值估计的自由裁量为其提供较大的操纵空间时，管理层的机会主义行为更加明显①。现有研究也证实，股权激励的实施导致了公司管理层更高的离职率，他们在离职前通常会调增利润，形成离职套现效应（曹延求和张光利，2012）②。因此，应进一步加强我国经理人市场的建设，创建经理人个人信用评级，发挥声誉制约作用，以此对管理层基于个人机会主义的股权激励公允价值估计中的自由裁量行为从外部形成有效的制约机制。

第三节　研究局限与展望

第一，由于我国股权激励制度起步较晚，自 2006 年起才开始实施，因此，与西方研究区间有别，研究样本无法获取一个较长的研究期间，同时不能将基于我国上市公司的研究结论与他国经验数据进行同步横向对比，此为局限之一。

第二，本书研究股权激励公允价值估计中的管理层自由裁量行为动机是从机会主义动机和信息传递动机出发，但是可能还存在其他动机。例如对管理者的政治动机、利益相关者动机等仍需在未来做进一步研究；另外，内生性问题也是研究局限之一，虽已选取多种代理变量体现管理者动机，并采用变量滞后处理、Heckman 两阶段等方法尽可能缓解潜在内生性问题，但无法

---

① 股权激励公允价值估计中的自由裁量操纵，是指管理层可以通过股权激励公允价值估计将股权激励费用低估或高估，从而达到盈余管理、利润操纵甚至是改变股价的目的。

② 曹延求、张光利（2012）认为，创业板块中股价高估严重、大家族企业和"包装"费用高的企业更容易出现扎堆辞职现象，并且创业板市场对这一现象的反应显著为负，形成"套现效应"。

否认，这仍然不能彻底排除所有内生性影响。

第三，对股权激励公允价值估计中管理者自由裁量行为后果的考察主要集中于公允价值信息质量以及因此产生的市场反应，然而，其实际经济后果涉及范围众多。未来研究可尝试对公司业绩、资源配置、审计质量等多方面进行研究。

第四，虽然考察了多种内外部治理机制对管理者自由裁量的机会主义行为的抑制作用，然而由于非活跃市场下公允价值估值的独特性和专业性，外部独立审计仍是最为有效的治理方法，因此，在未来研究中，可以就审计治理展开研究。

第五，本书仅是对我国刚刚起步的公允价值会计在我国"新兴＋转轨"的资本市场运用有效性研究的一项初始尝试，后续研究将进一步考虑其他各项公允价值资产/负债在运用中的自由裁量问题，如商誉、交易性金融资产、投资性房地产等。

参考文献

［1］ Dechow P M, Myers L A, Shakespeare C. Fair value accounting and gains from asset securitizations: A convenient earnings management tool with compensation side-benefits ［J］. Journal of Accounting and Economics, 2010, 49 (1 -2): 2 -25.

［2］ Song C J, Thomas W B, Yi H. Value relevance of FAS No. 157 fair value hierarchy information and the impact of corporate governance mechanisms ［J］. The Accounting Review, 2010, 85 (4): 1375 -1410.

［3］ Chen C, Ewelt-Knauer C. Earnings management in the context of fair value accounting: Adjusting the Modified Jones Model to fair value accounting ［J］. Working Paper, SSRN, 2013.

［4］ Goh B W, Li D, Ng J, et al. Market pricing of banks' fair value assets reported under SFAS 157 since the 2008 financial crisis ［J］. Journal of Accounting and Public Policy, 2015, 34 (2): 129 -145.

［5］ Badia M, Duro M, Penalva F, et al. Conditionally conservative fair value measurements ［J］. Journal of Accounting and Economics, 2017, 63 (1): 75 -98.

［6］ Lin Y, Lin S, Fornaro J M, et al. Fair value measurement and accounting restatements ［J］. Advances in Accounting, 2017, 38: 30 -45.

［7］ Easley D, O Hara M. Liquidity and valuation in an uncertain world ［J］. Journal of Financial Economics, 2010, 97 (1): 1 -11.

［8］ Amel Zadeh A, Meeks G. Bank failure, mark-to-market and the financial crisis ［J］. Abacus, 2013, 49 (3): 308 -339.

［9］ Laux C, Leuz C. Did fair-value accounting contribute to the financial crisis? ［J］. Journal of Economic Perspectives, 2010, 24 (1): 93 -118.

［10］Barth M E, Landsman W R. How did financial reporting contribute to the financial crisis? ［J］. European Accounting Review, 2010, 19（3）: 399 – 423.

［11］Ryan S G. Fair value accounting: Understanding the issues raised by the credit crunch ［J］. Council of Institutional Investors, 2008, 7: 1 – 24.

［12］谭洪涛, 蔡利, 蔡春. 公允价值与股市过度反应——来自中国证券市场的经验证据 ［J］. 经济研究, 2011, 46（7）: 130 – 143.

［13］苏东海, 李西文. 金融危机与公允价值会计的关联影响研究 ［J］. 金融研究, 2010（10）: 198 – 206.

［14］王守海, 刘志强, 张叶, 等. 公允价值、行业专长与审计费用 ［J］. 审计研究, 2017（2）: 48 – 56.

［15］蔡利, 唐嘉尉, 蔡春. 公允价值计量、盈余管理与审计师应对策略 ［J］. 会计研究, 2018（11）: 85 – 91.

［16］Murphy K J. Reporting choice and the 1992 proxy disclosure rules ［J］. Journal of Accounting, Auditing & Finance, 1996, 11（3）: 497 – 515.

［17］Yermack D. Companies' modest claims about the value of CEO stock option awards ［J］. Review of Quantitative Finance and Accounting, 1998, 10（2）: 207 – 226.

［18］Aboody D, Barth M E, Kasznik R. Do firms understate stock option-based compensation expense disclosed under SFAS 123? ［J］. Review of Accounting Studies, 2006, 11（4）: 429 – 461.

［19］Hodder L D, Hopkins P E, Wahlen J M. Risk-relevance of fair-value income measures for commercial banks ［J］. The Accounting Review, 2006, 81（2）: 337 – 375.

［20］Liu L, Liu H, Yin J. Stock Option Schedules and Managerial Opportunism ［J］. Journal of Business Finance & Accounting, 2014, 41（5 – 6）: 652 – 684.

［21］Belze L, Larmande F, Schneider L. Pricing model management: Evidence from employee stock option（un）fair valuation ［J］. Working Paper, SSRN, 2016.

［22］戴德明, 毛新述, 邓璠. 中国亏损上市公司资产减值准备计提行为研究 ［J］. 财经研究, 2005（7）: 71 – 82.

［23］吕长江，巩娜．股权激励会计处理及其经济后果分析——以伊利股份为例［J］．会计研究，2009（5）：53－61．

［24］刘志远，白默．公允价值计量模式下的会计政策选择——基于上市公司交叉持股的实证研究［J］．经济管理，2010，32（1）：118－124．

［25］刘行健，刘昭．内部控制对公允价值与盈余管理的影响研究［J］．审计研究，2014（2）：59－66．

［26］李文耀，许新霞．公允价值计量与盈余管理动机：来自沪深上市公司的经验证据［J］．经济评论，2015（6）：118－131．

［27］王建新．会计国际化环境制约、策略选择及其效果研究——来自《非货币性交易》准则的经验证据［J］．管理世界，2005（3）：15－22．

［28］谢诗芬．论公允价值会计审计理论与实务中的若干重大问题［J］．财经理论与实践，2006（6）：44－50．

［29］Street D L, Cereola S. Stock option compensation：impact of expense recognition on performance indicators of non-domestic companies listed in the US ［J］. Journal of International Accounting, Auditing and Taxation, 2004, 13 (1)：21－37.

［30］葛家澍，徐跃．论会计信息相关性与可靠性的冲突问题［J］．财务与会计，2006（23）：18－20．

［31］吴秋生，田峰．第三层次公允价值运用与会计信息质量［J］．山西财经大学学报，2018，40（6）：101－112．

［32］王守海，孙文刚，李云．非活跃市场环境下公允价值计量的国际经验与研究启示［J］．会计研究，2012（12）：12－18．

［33］杨书怀．公允价值分层计量、环境不确定性与审计质量［J］．审计研究，2018（2）：104－112．

［34］Dechow P M, Sloan R G, Sweeney A P. Detecting earnings management ［J］. Accounting Review, 1995：193－225.

［35］Ryan Jr H E, Wiggins Iii R A. The interactions between R&D investment decisions and compensation policy ［J］. Financial Management, 2002：5－29.

［36］Aggarwal R K, Samwick A A. Empire-builders and shirkers：Investment, firm performance, and managerial incentives ［J］. Journal of Corporate Finance，2006，12（3）：489 - 515.

［37］Coles J L，Daniel N D，Naveen L．Managerial incentives and risk-taking［J］．Journal of Financial Economics，2006，79（2）：431 - 468.

［38］Fargher N，Zhang J Z．Changes in the measurement of fair value：Implications for accounting earnings［J］．Accounting Forum，2014，38（3）：184 - 199.

［39］王中信，杨德明．契约视角下会计政策的选择［J］．审计研究，2006（1）：48 - 52.

［40］Ettredge M L，Xu Y，Yi H S．Fair value measurements and audit fees：Evidence from the banking industry［J］．Auditing：A Journal of Practice & Theory，2014，33（3）：33 - 58.

［41］Riedl E J，Serafeim G．Information risk and fair values：An examination of equity betas［J］．Journal of Accounting Research，2011，49（4）：1083 - 1122.

［42］Mcewen R A，Mazza C R，Hunton J E．Effects of managerial discretion in fair value accounting regulation and motivational incentives to "go along" with management on analysts' expectations and judgments［J］．The Journal of Behavioral Finance，2008，9（4）：240 - 251.

［43］Cannon N H，Bedard J C．Auditing challenging fair value measurements：Evidence from the field［J］．The Accounting Review，2017，92（4）：81 - 114.

［44］Bratten B，Gaynor L M，Mcdaniel L，et al．The audit of fair values and other estimates：The effects of underlying environmental，task，and auditor-specific factors［J］．Auditing：A Journal of Practice & Theory，2013，32（sp1）：7 - 44.

［45］Bushman R M，Williams C D．Accounting discretion，loan loss provisioning，and discipline of banks' risk-taking［J］．Journal of Accounting and Economics，2012，54（1）：1 - 18.

［46］Ramanna K，Watts R L．Evidence on the use of unverifiable estimates in required goodwill impairment［J］．Review of Accounting Studies，2012，17（4）：749 - 780.

［47］Ramanna K．The implications of unverifiable fair-value accounting：Evidence from the political economy of goodwill accounting [J]. Journal of Accounting and Economics, 2008, 45 (2 – 3): 253 – 281.

[48] Jensen M C, Meckling W H. Theory of the firm: Managerial behavior, agency costs and ownership structure [J]. Journal of Financial Economics, 1976, 3 (4): 305 – 360.

[49] 王烨, 叶玲, 盛明泉. 管理层权力、机会主义动机与股权激励计划设计 [J]. 会计研究, 2012 (10): 35 – 41.

[50] 辛宇, 吕长江. 激励、福利还是奖励: 薪酬管制背景下国有企业股权激励的定位困境——基于泸州老窖的案例分析 [J]. 会计研究, 2012 (6): 67 – 75.

[51] 吕长江, 张海平. 股权激励计划对公司投资行为的影响 [J]. 管理世界, 2011 (11): 118 – 126.

[52] 吴育辉, 吴世农. 高管薪酬: 激励还是自利? ——来自中国上市公司的证据 [J]. 会计研究, 2010 (11): 40 – 48.

[53] 肖淑芳, 刘颖, 刘洋. 股票期权实施中经理人盈余管理行为研究——行权业绩考核指标设置角度 [J]. 会计研究, 2013 (12): 40 – 46.

[54] 苏冬蔚, 林大庞. 股权激励、盈余管理与公司治理 [J]. 经济研究, 2010, 45 (11): 88 – 100.

[55] 曹廷求, 张光利. 上市公司高管辞职的动机和效果检验 [J]. 经济研究, 2012, 47 (6): 73 – 87.

[56] 肖淑芳, 喻梦颖. 股权激励与股利分配——来自中国上市公司的经验证据 [J]. 会计研究, 2012 (8): 49 – 57.

[57] 李侠, 沈小燕. 股权激励与投资行为: 以光明乳业为例 [J]. 会计与经济研究, 2012, 26 (4): 34 – 44.

[58] 胡国强, 盖地. 高管股权激励与银行信贷决策——基于我国民营上市公司的经验证据 [J]. 会计研究, 2014 (4): 58 – 65.

[59] 王守海, 吴双双, 张盼盼. 非活跃市场条件下公允价值审计研究 [J]. 审计研究, 2014 (2): 95 – 99.

[60] Cheng X, Smith D. Disclosure versus recognition: the case of expensing stock options [J]. Review of Quantitative Finance and Accounting, 2013, 40

（4）：591 – 621.

［61］ Müller M A, Riedl E J, Sellhorn T. Recognition versus disclosure of fair values ［J］. The Accounting Review, 2015, 90 （6）：2411 – 2447.

［62］ Schipper K. Required disclosures in financial reports ［J］. The Accounting Review, 2007, 82 （2）：301 – 326.

［63］ Barth M E, Clinch G, Shibano T. Market effects of recognition and disclosure ［J］. Journal of Accounting Research, 2003, 41 （4）：581 – 609.

［64］ 张先治, 季侃. 公允价值计量与会计信息的可靠性及价值相关性——基于我国上市公司的实证检验 ［J］. 财经问题研究, 2012 （6）：41 – 48.

［65］ Barth M E. Fair value accounting: Evidence from investment securities and the market valuation of banks ［J］. Accounting Review, 1994：1 – 25.

［66］ Barth M E, Beaver W H, Landsman W R. Value-relevance of banks' fair value disclosures under SFAS No. 107 ［J］. Accounting Review, 1996：513 – 537.

［67］ Eccher E A, Ramesh K, Thiagarajan S R. Fair value disclosures by bank holding companies ［J］. Journal of Accounting and Economics, 1996, 22 （1 – 3）：79 – 117.

［68］ Nelson K K. Fair value accounting for commercial banks: An empirical analysis of SFAS No. 107 ［J］. Accounting Review, 1996：161 – 182.

［69］ Carroll T J, Linsmeier T J, Petroni K R. The reliability of fair value versus historical cost information: Evidence from closed-end mutual funds ［J］. Journal of Accounting, Auditing & Finance, 2003, 18 （1）：1 – 24.

［70］ Venkatachalam M. Value-relevance of banks' derivatives disclosures ［D］. University of Iowa, 1996.

［71］ Khurana I K, Kim M. Relative value relevance of historical cost vs. fair value: Evidence from bank holding companies ［J］. Journal of Accounting and Public Policy, 2003, 22 （1）：19 – 42.

［72］ Barth M E, Landsman W R, Lang M H. International accounting standards and accounting quality ［J］. Journal of Accounting Research, 2008, 46 （3）：467 – 498.

［73］Liao L, Kang H, Morris R D, et al. Information asymmetry of fair value accounting during the financial crisis ［J］. Journal of Contemporary Accounting & Economics, 2013, 9 (2)：221 –236.

［74］陈朝晖. 未来现金流量现值的会计计量 ［J］. 当代财经, 2000 (9)：53 –58.

［75］葛家澍, 占美松. 会计信息质量特征与会计计量属性的选择 ［J］. 厦门大学学报 (哲学社会科学版), 2007 (6)：77 –81.

［76］王建成, 胡振国. 我国公允价值计量研究的现状及相关问题探析 ［J］. 会计研究, 2007 (5)：10 –16.

［77］王玉涛, 薛健, 陈晓. 企业会计选择与盈余管理——基于新旧会计准则变动的研究 ［J］. 中国会计评论, 2009, 7 (3)：255 –270.

［78］叶建芳, 周兰, 李丹蒙, 等. 管理层动机、会计政策选择与盈余管理——基于新会计准则下上市公司金融资产分类的实证研究 ［J］. 会计研究, 2009 (3)：25 –30.

［79］陈骏. 公允价值计量降低了会计信息的可靠性吗——基于沪深 A 股上市公司会计稳健性的经验证据 ［J］. 山西财经大学学报, 2013, 35 (5)：114 –124.

［80］Ball R, Brown P. An Empirical Evaluation of Accounting Income Numbers ［J］. Journal of Accounting Research, 1968, 6 (2)：159 –178.

［81］Beaver W H. The information content of annual earnings announcements ［J］. Journal of Accounting Research, 1968：67 –92.

［82］Beaver W H, Ryan S G. How well do Statement No. 33 earnings explain stock returns? ［J］. Financial Analysts Journal, 1985, 41 (5)：66 –71.

［83］Bublitz B, Frecka T J, Mckeown J C. Market association tests and FASB Statement No. 33 disclosures：A reexamination ［J］. Journal of Accounting Research, 1985：1 –23.

［84］Haw I, Lustgarten S. Evidence on income measurement properties of ASR No. 190 and SFAS No. 33 data ［J］. Journal of Accounting Research, 1988：331 –352.

［85］Landsman W. An empirical investigation of pension fund property rights

［J］. Accounting Review, 1986: 662 - 691.

［86］ Barth M E. Relative measurement errors among alternative pension asset and liability measures ［J］. Accounting Review, 1991: 433 - 463.

［87］ 刘宝莹. 公允价值分层计量的经济后果研究 ［D］. 长春: 吉林大学, 2014.

［88］ Petroni K R, Wahlen J M. Fair values of equity and debt securities and share prices of property-liability insurers ［J］. Journal of Risk and Insurance, 1995: 719 - 737.

［89］ 葛家澍. 关于在财务会计中采用公允价值的探讨 ［J］. 会计研究, 2007 (11): 3 - 8.

［90］ 刘永泽, 孙嵩. 我国上市公司公允价值信息的价值相关性——基于企业会计准则国际趋同背景的经验研究 ［J］. 会计研究, 2011 (2): 16 - 22.

［91］ Beatty A, Chamberlain S, Magliolo J. An empirical analysis of the economic implications of fair value accounting for investment securities ［J］. Journal of Accounting and Economics, 1996, 22 (1 - 3): 43 - 77.

［92］ Lys T. Abandoning the transactions-based accounting model: Weighing the evidence ［J］. Journal of Accounting and Economics, 1996, 22 (1 - 3): 155 - 175.

［93］ 邓传洲. 公允价值的价值相关性: B 股公司的证据 ［J］. 会计研究, 2005 (10): 55 - 62.

［94］ 朱凯, 赵旭颖, 孙红. 会计准则改革、信息准确度与价值相关性——基于中国会计准则改革的经验证据 ［J］. 管理世界, 2009 (4): 47 - 54.

［95］ Hung M, Subramanyam K R. Financial statement effects of adopting international accounting standards: the case of Germany ［J］. Review of Accounting Studies, 2007, 12 (4): 623 - 657.

［96］ Horton J, Serafeim G. Market reaction to and valuation of IFRS reconciliation adjustments: first evidence from the UK ［J］. Review of Accounting Studies, 2010, 15 (4): 725 - 751.

［97］ 郝玉贵, 贺广宜, 李昀泽. 大数据战略与公允价值分层计量的价值相关性——基于中国金融业的实证研究 ［J］. 审计与经济研究, 2018, 33

（1）：81 – 92.

[98] Barth M E, Beaver W H, Landsman W R. The relevance of the value relevance literature for financial accounting standard setting: another view [J]. Journal of Accounting and Economics, 2001, 31 （1）: 3 – 75.

[99] Scott W R. Financial accounting theory [M]. New Jersey: Prentice Hall Upper Saddle River, 1997.

[100] Wallman S M. The future of accounting and financial reporting part Ⅱ: the colorized approach [J]. Accounting Horizons, 1996, 10 （2）: 138 – 148.

[101] 夏冬林. 财务会计信息的可靠性及其特征 [J]. 会计研究, 2004 （1）: 20 – 27.

[102] Richardson S A, Sloan R G, Soliman M T, et al. Accrual reliability, earnings persistence and stock prices [J]. Journal of Accounting and Economics, 2005, 39 （3）: 437 – 485.

[103] Chung S G, Goh B W, Ng J, et al. Voluntary fair value disclosures beyond SFAS 157's three-level estimates [J]. Review of Accounting Studies, 2017, 22 （1）: 430 – 468.

[104] European Central Bank （ECB）. Fair value accounting and financial stability [EB/OL]. http: //search. ebscohost. com/login. aspx? direct = true&db = buh&AN = 35750150&site = ehost-live: 2004

[105] Lambert R A, Leuz C, Verrecchia R E. Information asymmetry, information precision, and the cost of capital [J]. Review of Finance, 2012, 16 （1）: 1 – 29.

[106] Landsman W R. Is fair value accounting information relevant and reliable? Evidence from capital market research [J]. Accounting and Business Research, 2007, 37 （sup1）: 19 – 30.

[107] Penman S H. Financial reporting quality: is fair value a plus or a minus? [J]. Accounting and Business Research, 2007, 37 （sup1）: 33 – 44.

[108] Hsu A W, Pourjalali H, Song Y. Fair value disclosures and crash risk [J]. Journal of Contemporary Accounting & Economics, 2018, 14 （3）: 358 – 372.

［109］Hsu A W, Wu G S. The fair value of investment property and stock price crash risk ［J］. Asia-Pacific Journal of Accounting & Economics, 2019, 26 (1 – 2)：38 – 63.

［110］杨鹏. 金融创新、公允价值计量与商业银行股票崩盘风险 ［J］. 财经理论与实践, 2019, 40 (3)：59 – 64.

［111］徐云, 凌筱婷, 范瑞璇. 会计计量模式的运用会影响企业价值评估吗 ［J］. 会计研究, 2022, 420 (10)：3 – 18.

［112］胡奕明, 刘奕均. 公允价值会计与市场波动 ［J］. 会计研究, 2012 (6)：12 – 18.

［113］张姗姗, 卢晓哲, 戴德明. 金融资产公允价值变动、商业银行资本监管与系统性金融风险 ［J］. 经济学 (季刊), 2022, 22 (6)：1913 – 1936.

［114］Khan U. Does fair value accounting contribute to systemic risk in the banking industry?［J］. Contemporary Accounting Research, 2019, 36 (4)：2588 – 2609.

［115］Barry C B, Brown S J. Differential information and security market equilibrium ［J］. Journal of Financial and Quantitative Analysis, 1985, 20 (4)：407 – 422.

［116］Clarkson P M, Thompson R. Empirical estimates of beta when investors face estimation risk ［J］. The Journal of Finance, 1990, 45 (2)：431 – 453.

［117］Boyer R. Assessing the impact of fair value upon financial crises ［J］. Socio-economic Review, 2007, 5 (4)：779 – 807.

［118］Al Yaseen B S, Al Khadash H A. Risk relevance of fair value income measures under IAS 39 and IAS 40 ［J］. Journal of Accounting in Emerging Economies, 2011, 1 (1)：9 – 32.

［119］Barth M E, Landsman W R. Using Fair Value Earnings to Assess Firm Value ［J］. Accounting Horizons, 2018, 32 (4)：49 – 58.

［120］Magnan M, Menini A, Parbonetti A. Fair value accounting：information or confusion for financial markets? ［J］. Review of Accounting Studies, 2015, 20 (1)：559 – 591.

［121］Campbell J L. The fair value of cash flow hedges, future profitability, and stock returns [J]. Contemporary Accounting Research, 2015, 32 (1): 243 – 279.

[122] Li S. Fair value accounting and analysts' information quality: the effect of SFAS 157 [J]. Working Paper, University of Illinois, 2010.

[123] Barron O E, Chung S G, Yong K O. The effect of Statement of Financial Accounting Standards No. 157 Fair Value Measurements on analysts' information environment [J]. Journal of Accounting and Public Policy, 2016, 35 (4): 395 – 416.

[124] Ayres D, Huang X S, Myring M. Fair value accounting and analyst forecast accuracy [J]. Advances in Accounting, 2017, 37: 58 – 70.

[125] 曾雪云, 徐经长. 公允价值计量、金融投资行为与公司资本结构 [J]. 金融研究, 2013 (3): 181 – 193.

[126] 周玮, 徐玉德. 投资性房地产公允价值计量对债务融资的影响——基于沪深 A 股上市公司的实证分析 [J]. 证券市场导报, 2014 (10): 41 – 46.

[127] 周宏, 何剑波, 赵若瑜, 等. 投资性房地产公允价值计量模式对企业债务融资风险的影响——基于 2009—2016 年我国 A 股房地产上市公司数据的实证检验 [J]. 会计研究, 2019 (5): 42 – 50.

[128] Barth M E. Including estimates of the future in today's financial statements [J]. Accounting Horizons, 2006, 20 (3): 271 – 285.

[129] American Banker Association (ABA). Loans and Debt Securities: Principles to Follow in Developing a New Accounting Model [EB/OL]. https://www. aba. com/training-events/online: 2009.

[130] American Banker Association (ABA). Comment Letter 1 of 3 on Accounting for Financial Instruments and Revisions to the Accounting for Derivative Instruments and Hedging Activities [EB/OL]. https://www. aba. com/training-events/online: 2010.

[131] Johnson S. The Fair-value Blame Game: Fallout from the Credit Crisis has Put Mark-to-Market Accounting to the Test [EB/OL]. https://www. cfo. com/accounting-tax/2008/03/the-fair-value-blame-game/: 2008.

[132] Hann R N, Heflin F, Subramanayam K R. Fair-value pension ac-

counting [J]. Journal of Accounting and Economics，2007，44（3）：328 –358.

[133] Park M S，Park T，Ro B T. Fair value disclosures for investment securities and bank equity：evidence from SFAS No. 115 [J]. Journal of Accounting，Auditing & Finance，1999，14（3）：347 –370.

[134] 郭飞，郭慧敏，张桂玲. 利润波动性与衍生工具使用：基于国有上市公司的实证研究 [J]. 会计研究，2017（3）：22 –29.

[135] Kolev K S. Do investors perceive marking-to-model as marking-to-myth？Early evidence from FAS 157 disclosure [J]. Working Paper，SSRN，2008.

[136] Arora N，Richardson S，Tuna I. Asset reliability and security prices：evidence from credit markets [J]. Review of Accounting Studies，2014，19（1）：363 –395.

[137] 白默，刘志远. 公允价值计量层级与信息的决策相关性——基于中国上市公司的经验证据 [J]. 经济与管理研究，2011（11）：101 –106.

[138] 毛志宏，刘宝莹，王婧. 公允价值分层计量与股价同步性——基于沪深A股市场的分析 [J]. 税务与经济，2014（5）：27 –34.

[139] 田峰，杨瑞平. 第三层次公允价值计量异质性与会计信息相关性 [J]. 经济问题，2019（9）：112 –119.

[140] 邓永勤，康丽丽. 中国金融业公允价值层次信息价值相关性的经验证据 [J]. 会计研究，2015（4）：3 –10.

[141] 毛志宏，冉丹，刘宝莹. 公允价值分层披露与信息不对称 [J]. 东北大学学报（社会科学版），2015，17（3）：260 –267.

[142] 王雷，李冰心. 强制分层披露提高了公允价值信息的决策有用性吗？——基于中国A股上市公司的经验证据 [J]. 审计与经济研究，2018，33（4）：86 –95.

[143] Griffith E E. Auditors，specialists，and professional jurisdiction in audits of fair values [J]. Contemporary Accounting Research，2019，11（5）：33 –51.

[144] Martin R D，Rich J S，Wilks T J. Auditing fair value measurements：A synthesis of relevant research [J]. Accounting Horizons，2006，20（3）：

287 – 303.

[145] Goncharov I, Riedl E J, Sellhorn T. Fair value and audit fees [J]. Review of Accounting Studies, 2014, 19 (1): 210 – 241.

[146] Mohrmann U, Riepe J, Stefani U. Are Extensive Audits "Good News"?: Market Perceptions of Abnormal Audit Fees and Fair Value Disclosures [J]. Working Paper, University of Konstanz, 2013.

[147] 许新霞. 公允价值第三级次计量: 悖论、成因与改进 [J]. 会计研究, 2011 (10): 30 – 33.

[148] 黄冰, 夏一丹, 夏云峰. 公允价值计量影响了审计收费吗——来自金融业上市公司的经验证据 [J]. 财经科学, 2017 (10): 99 – 110.

[149] 毛志宏, 徐畅. 公允价值分层计量如何影响分析师盈余预测——来自中国 A 股市场的证据 [J]. 财贸研究, 2017, 28 (12): 95 – 106.

[150] Sodan S. The impact of fair value accounting on earnings quality in eastern European countries [J]. Procedia Economics and Finance, 2015, 32: 1769 – 1786.

[151] Dietrich J R, Harris M S, Muller Iii K A. The reliability of investment property fair value estimates [J]. Journal of Accounting and Economics, 2000, 30 (2): 125 – 158.

[152] Beatty A, Weber J. Accounting discretion in fair value estimates: An examination of SFAS 142 goodwill impairments [J]. Journal of Accounting Research, 2006, 44 (2): 257 – 288.

[153] Herrmann D, Saudagaran S M, Thomas W B. The quality of fair value measures for property, plant, and equipment [J]. Accounting Forum, 2006, 30 (1): 43 – 59.

[154] 李超颖, 张玥, 李烜博, 等. 公允价值下的盈余管理: 平稳利润下的危机——以 A 上市公司为例 [J]. 会计与经济研究, 2018, 32 (4): 46 – 61.

[155] 毛志宏, 徐畅. 金融资产的公允价值分层计量能识别盈余管理吗?——基于我国非金融类上市公司的实证研究 [J]. 经济科学, 2018 (4): 117 – 128.

[156] Altamuro J, Zhang H. The financial reporting of fair value based on

managerial inputs versus market inputs: evidence from mortgage servicing rights [J]. Review of Accounting Studies, 2013, 18 (3): 833 – 858.

[157] Espahbodi H, Espahbodi P, Rezaee Z, et al. Stock price reaction and value relevance of recognition versus disclosure: the case of stock-based compensation [J]. Journal of Accounting and Economics, 2002, 33 (3): 343 – 373.

[158] Aboody D, Barth M E, Kasznik R. SFAS No. 123 stock-based compensation expense and equity market values [J]. The Accounting Review, 2004, 79 (2): 251 – 275.

[159] Robinson D, Burton D. Discretion in financial reporting: The voluntary adoption of fair value accounting for employee stock options [J]. Accounting Horizons, 2004, 18 (2): 97 – 108.

[160] Aboody D. Market valuation of employee stock options [J]. Journal of Accounting and Economics, 1996, 22 (1 – 3): 357 – 391.

[161] Balsam S, Mozes H A, Newman H A. Managing pro forma stock option expense under SFAS No. 123 [J]. Accounting Horizons, 2003, 17 (1): 31 – 45.

[162] Bartov E, Mohanram P, Nissim D. Managerial discretion and the economic determinants of the disclosed volatility parameter for valuing ESOs [J]. Review of Accounting studies, 2007, 12 (1): 155 – 179.

[163] Johnston D. Managing stock option expense: The manipulation of option-pricing model assumptions [J]. Contemporary Accounting Research, 2006, 23 (2): 395 – 425.

[164] Hegemann S, Ismailescu I. The effect of FASB statement no. 123R on stock repurchases: an empirical examination of management incentives [J]. Review of Pacific Basin Financial Markets and Policies, 2017, 20 (02): 1 – 31.

[165] Balsam S, Reitenga A L, Yin J. Option acceleration in response to SFAS No. 123 (R) [J]. Accounting Horizons, 2008, 22 (1): 23 – 45.

[166] Skantz T R. CEO pay, managerial power, and SFAS 123 (R) [J]. The Accounting Review, 2012, 87 (6): 2151 – 2179.

[167] Brown L D, Lee Y J. Changes in option-based compensation around

the issuance of SFAS 123R ［J］. Journal of Business Finance & Accounting, 2011, 38（9 - 10）: 1053 - 1095.

［168］ Carter M E, Lynch L J, Tuna I. The role of accounting in the design of CEO equity compensation ［J］. The Accounting Review, 2007, 82（2）: 327 - 357.

［169］ Wieland M M, Dawkins M C, Dugan M T. The differential value relevance of S&P's core earnings versus GAAP earnings: the role of stock option expense ［J］. Journal of Business Finance & Accounting, 2013, 40（1 - 2）: 55 - 81.

［170］ Barth M E, Gow I D, Taylor D J. Why do pro forma and street earnings not reflect changes in GAAP? Evidence from SFAS 123R ［J］. Review of Accounting Studies, 2012, 17（3）: 526 - 562.

［171］ Choudhary P. Evidence on differences between recognition and disclosure: A comparison of inputs to estimate fair values of employee stock options ［J］. Journal of Accounting and Economics, 2011, 51（1 - 2）: 77 - 94.

［172］ Bratten B, Jennings R, Schwab C M. The accuracy of disclosures for complex estimates: Evidence from reported stock option fair values ［J］. Accounting, Organizations and Society, 2016, 52: 32 - 49.

［173］ Chen T, Liao H, Chi C. The economic consequences of regulatory changes in employee stock options on corporate bond holders: SFAS No. 123R and structural credit model perspectives ［J］. Journal of Banking & Finance, 2014, 42: 381 - 394.

［174］ Hodge F D, Rajgopal S, Shevlin T. Do managers value stock options and restricted stock consistent with economic theory? ［J］. Contemporary Accounting Research, 2009, 26（3）: 899 - 932.

［175］ 沈烈, 张西萍. 新会计准则与盈余管理 ［J］. 会计研究, 2007（2）: 52 - 58.

［176］ 张奇峰, 张鸣, 戴佳君. 投资性房地产公允价值计量的财务影响与决定因素: 以北辰实业为例 ［J］. 会计研究, 2011（8）: 22 - 29.

［177］ 邹燕, 王雪, 吴小雅. 公允价值计量在投资性房地产中的运用研究——以津滨发展及同行业同地区公司为例 ［J］. 会计研究, 2013（9）: 22 - 28.

[178] 毛新述，戴德明. 会计制度变迁与盈余稳健性：一项理论分析 [J]. 会计研究，2008（9）：26 – 32.

[179] He X, Wong T J, Young D. Challenges for implementation of fair value accounting in emerging markets: Evidence from China [J]. Contemporary Accounting Research, 2012, 29（2）：538 – 562.

[180] 吕长江，严明珠，郑慧莲，等. 为什么上市公司选择股权激励计划？[J]. 会计研究，2011（1）：68 – 75.

[181] 吕长江，郑慧莲，严明珠，等. 上市公司股权激励制度设计：是激励还是福利？[J]. 管理世界，2009（9）：133 – 147.

[182] 林大庞，苏冬蔚. 股权激励与公司业绩——基于盈余管理视角的新研究 [J]. 金融研究，2011（9）：162 – 177.

[183] 吕长江，张海平. 上市公司股权激励计划对股利分配政策的影响 [J]. 管理世界，2012（11）：133 – 143.

[184] 谢德仁，刘文. 关于经理人股票期权会计确认问题的研究 [J]. 会计研究，2002（9）：25 – 30.

[185] 方慧. 经理人股票期权会计确认问题研究 [J]. 会计研究，2003（8）：36 – 38.

[186] 李曜. 企业管理层股票期权计划的价值评估 [J]. 金融研究，2006（2）：118 – 125.

[187] 谢德仁. 再论经理人股票期权的会计确认 [J]. 会计研究，2010（7）：11 – 18.

[188] 财政部会计司课题组. 上市公司2010年执行企业会计准则情况分析报告 [EB/OL]. http://www. gov. cn/gzdt/2011 – 09/29/content_ 1959930. htm; 2011.

[189] 平静，陈朝晖. 上市公司股权激励相关会计问题探讨 [J]. 证券市场导报，2014（11）：4 – 7.

[190] Sappington D E. Incentives in principal-agent relationships [J]. Journal of Economic Perspectives, 1991, 5（2）：45 – 66.

[191] Jensen M C. Agency costs of free cash flow, corporate finance, and takeovers [J]. The American Economic Review, 1986, 76（2）：323 – 329.

［192］ Myers S C, Majluf N S. Corporate financing and investment decisions when firms have information that investors do not have ［J］. Journal of Financial Economics, 1984, 13 (2): 187 - 221.

［193］ George A. The Market for Lemons: Quality Uncertainty and the Market Mechanism ［J］. The Quarterly Journal of Economics, 1970, 84 (3): 488 - 500.

［194］ Arrow K J. The economics of moral hazard: further comment ［J］. The American Economic Review, 1968, 58 (3): 537 - 539.

［195］ Spence M. Job market signaling ［J］. The Quarterly Journal of Economics, 1973, 87 (3): 355 - 374.

［196］ 汪昌云, 汪勇祥. 资产定价理论: 一个探索股权溢价之谜的视角 ［J］. 管理世界, 2007 (7): 136 - 151.

［197］ Bernoulli D. Hydrodynamica: sive de viribus et motibus fluidorum commentarii ［M］. Johannis Reinholdi Dulseckeri, 1738.

［198］ Fama E F, French K R. Common risk factors in the returns on stocks and bonds ［J］. Journal of Financial Economics, 1993 (33): 3 - 56.

［199］ Black F, Scholes M. The pricing of options and corporate liabilities ［J］. Journal of Political Economy, 1973, 81 (3): 637 - 654.

［200］ Bebchuk L A, Fried J M. Executive compensation as an agency problem ［J］. Journal of Economic Perspectives, 2003, 17 (3): 71 - 92.

［201］ Bebchuk L A, Fried J M, Walker D I. Managerial power and rent extraction in the design of executive compensation ［J］. The University of Chicago Law Review, 2002, 69 (3): 751 - 846.

［202］ Newman H A, Mozes H A. Does the composition of the compensation committee influence CEO compensation practices? ［J］. Financial Management, 1999, 28 (3): 41 - 53.

［203］ Core J, Guay W. The use of equity grants to manage optimal equity incentive levels ［J］. Journal of Accounting and Economics, 1999, 28 (2): 151 - 184.

［204］ 卢锐. 管理层权力、薪酬与业绩敏感性分析——来自中国上市公司的经验证据 ［J］. 当代财经, 2008 (7): 107 - 112.

［205］ 权小锋, 吴世农, 文芳. 管理层权力、私有收益与薪酬操纵

[J]. 经济研究, 2010, 45 (11): 73 – 87.

[206] Yermack D. Good timing: CEO stock option awards and company news announcements [J]. The Journal of Finance, 1997, 52 (2): 449 – 476.

[207] Aboody D, Kasznik R. CEO stock option awards and the timing of corporate voluntary disclosures [J]. Journal of Accounting and Economics, 2000, 29 (1): 73 – 100.

[208] Harris J, Bromiley P. Incentives to cheat: The influence of executive compensation and firm performance on financial misrepresentation [J]. Organization Science, 2007, 18 (3): 350 – 367.

[209] Choudhary P, Rajgopal S, Venkatachalam M. Accelerated vesting of employee stock options in anticipation of FAS 123-R [J]. Journal of Accounting Research, 2009, 47 (1): 105 – 146.

[210] 李维安, 郝臣, 崔光耀, 等. 公司治理研究 40 年: 脉络与展望 [J]. 外国经济与管理, 2019, 41 (12): 161 – 185.

[211] La Porta R, Lopez De Silanes F, Shleifer A, et al. Legal determinants of external finance [J]. The Journal of Finance, 1997, 52 (3): 1131 – 1150.

[212] Bushman R M, Smith A J. Financial accounting information and corporate governance [J]. Journal of Accounting and Economics, 2001, 32 (1 – 3): 237 – 333.

[213] Holderness C G. A survey of blockholders and corporate control [J]. Economic Policy Review, 2003, 9 (1): 51 – 64.

[214] Healy P M, Hutton A P, Palepu K G. Stock performance and intermediation changes surrounding sustained increases in disclosure [J]. ContemporaryAccounting Research, 1999, 16 (3): 485 – 520.

[215] Core J E. A review of the empirical disclosure literature: discussion [J]. Journal of Accounting and Economics, 2001, 31 (1 – 3): 441 – 456.

[216] 胡奕明, 唐松莲. 独立董事与上市公司盈余信息质量 [J]. 管理世界, 2008 (9): 149 – 160.

[217] Bhat G. Impact of disclosure and corporate governance on the association between fair value gains and losses and stock returns in the commercial banking

industry［J］. Working Paper, SSRN, 2013.

［218］Zeff S A. The Rise of "Economic Consequences"［J］. Journal of Accountancy, 1978, 12: 56 - 63.

［219］Huddart S, Lang M. Employee stock option exercises an empirical analysis［J］. Journal of Accounting and Economics, 1996, 21 (1): 5 - 43.

［220］夏峰, 谢佳斌, 熊佳, 等. 深市上市公司股权激励实施情况调查分析［J］. 证券市场导报, 2014 (9): 45 - 51.

［221］Coller M, Higgs J L. Firm valuation and accounting for employee stock options［J］. Financial Analysts Journal, 1997, 53 (1): 26 - 34.

［222］Lambert R A, Lanen W N, Larcker D F. Executive stock option plans and corporate dividend policy［J］. Journal of Financial and Quantitative Analysis, 1989, 24 (4): 409 - 425.

［223］Defond M, Hu J, Hung M, et al. The Usefulness of Fair Value Accounting in Executive Compensation［J］. Working Paper, SSRN, 2018.

［224］Kuo W H, Chung S L, Chang C Y. The impacts of individual and institutional trading on futures returns and volatility: Evidence from emerging index futures markets［J］. Journal of Futures Markets, 2015, 35 (3): 222 - 244.

［225］Bergstresser D, Philippon T. CEO incentives and earnings management［J］. Journal of Financial Economics, 2006, 80 (3): 511 - 529.

［226］Baker T A. Options reporting and the political costs of CEO pay［J］. Journal of Accounting, Auditing & Finance, 1999, 14 (2): 125 - 145.

［227］Christie A A. The stochastic behavior of common stock variances: Value, leverage and interest rate effects［J］. Journal of Financial Economics, 1982, 10 (4): 407 - 432.

［228］戴璐, 宋迪. 高管股权激励合约业绩目标的强制设计对公司管理绩效的影响［J］. 中国工业经济, 2018 (4): 117 - 136.

［229］吴联生, 林景艺, 王亚平. 薪酬外部公平性、股权性质与公司业绩［J］. 管理世界, 2010 (3): 117 - 126.

［230］李维安, 姜涛. 公司治理与企业过度投资行为研究——来自中国上市公司的证据［J］. 财贸经济, 2007 (12): 56 - 61.

［231］ Landsman W R. Fair value accounting for financial instruments：some implications for bank regulation ［J］. Working Paper，BIS，2006.

［232］ 叶康涛，陆正飞，张志华. 独立董事能否抑制大股东的"掏空"？［J］. 经济研究，2007（4）：101 – 111.

［233］ Christensen B E，Glover S M，Wolfe C J. Do critical audit matter paragraphs in the audit report change nonprofessional investors' decision to invest?［J］. Auditing：A Journal of Practice & Theory，2014，33（4）：71 – 93.

［234］ 吴水澎，李奇凤. 国际四大、国内十大与国内非十大的审计质量——来自2003年中国上市公司的经验证据［J］. 当代财经，2006（2）：114 – 118.

［235］ Vergauwe S，Gaeremynck A. Do measurement-related fair value disclosures affect information asymmetry?［J］. Accounting and Business Research，2019，49（1）：68 – 94.

［236］ Blacconiere W G，Frederickson J R，Johnson M F，et al. Are voluntary disclosures that disavow the reliability of mandated fair value information informative or opportunistic?［J］. Journal of Accounting and Economics，2011，52（2 – 3）：235 – 251.

［237］ Dechow P M，Sloan R G，Sweeney A P. Causes and consequences of earnings manipulation：An analysis of firms subject to enforcement actions by the SEC ［J］. Contemporary Accounting Research，1996，13（1）：1 – 36.

［238］ Baiman S，Verrecchia R E. The relation among capital markets，financial disclosure，production efficiency，and insider trading ［J］. Journal of Accounting Research，1996，34（1）：1 – 22.

［239］ Brown B E. Coral bleaching：causes and consequences ［J］. Coral-Reefs，1997，16（1）：S129 – S138.

［240］ Ohlson J A. Earnings，book values，and dividends in equity valuation ［J］. Contemporary Accounting Research，1995，11（2）：661 – 687.

［241］ 李姝，黄雯. 长期资产减值、盈余管理与价值相关性——基于新会计准则变化的实证研究［J］. 管理评论，2011，23（10）：144 – 151.

［242］ Kothari S P，Zimmerman J L. Price and return models ［J］. Journal of Accounting and Economics, 1995, 20 (2): 155 – 192.

［243］黄霖华，曲晓辉. 证券分析师评级、投资者情绪与公允价值确认的价值相关性——来自中国 A 股上市公司可供出售金融资产的经验证据 ［J］. 会计研究，2014 (7): 18 – 26 +96.

［244］曲晓辉，卢煜，张瑞丽. 商誉减值的价值相关性——基于中国 A 股市场的经验证据 ［J］. 经济与管理研究，2017, 38 (3): 122 – 132.

［245］李虹，田马飞. 内部控制、媒介功用、法律环境与会计信息价值相关性 ［J］. 会计研究，2015 (6): 64 – 71 +97.

［246］Clor-Proell S M, Proell C A, Warfield T D. The effects of presentation salience and measurement subjectivity on nonprofessional investors' fair value judgments ［J］. Contemporary Accounting Research, 2014, 31 (1): 45 – 66.

［247］Shleifer A, Vishny R W. Large shareholders and corporate control ［J］. Journal of Political Economy, 1986, 94 (3, Part 1): 461 – 488.

［248］Loughran T, McDonald B. Measuring readability in financial disclosures ［J］. The Journal of Finance, 2014, 69 (4): 1643 – 1671.

［249］Laksmana I, Tietz W, Yang Y W. Compensation discussion and analysis (CD&A): Readability and management obfuscation ［J］. Journal of Accounting and Public Policy, 2012, 31 (2): 185 – 203.

［250］Li F. Annual report readability, current earnings, and earnings persistence ［J］. Journal of Accounting and Economics, 2008, 45 (2 – 3): 221 – 247.

［251］Graves S B, Waddock S A. Institutional ownership and control: Implications for long-term corporate strategy ［J］. Academy of Management Perspectives, 1990, 4 (1): 75 – 83.

［252］Klein A. Audit committee, board of director characteristics, and earnings management ［J］. Journal of Accounting and Economics, 2002, 33 (3): 375 – 400.

［253］Healy P M, Palepu K G. Information asymmetry, corporate disclosure, and the capital markets: A review of the empirical disclosure literature ［J］. Journal of Accounting and Economics, 2001, 31 (1 – 3): 405 – 440.

［254］Cohen J R, Krishnamoorthy G, Wright A. The corporate governance mosaic and financial reporting quality ［J］. Journal of Accounting Literature,

2004：87 – 152.

［255］Doyle J T, Ge W, McVay S. Accruals quality and internal control over financial reporting ［J］. The Accounting Review, 2007, 82 (5)：1141 – 1170.

［256］董望, 陈汉文. 内部控制、应计质量与盈余反应——基于中国 2009 年 A 股上市公司的经验证据 ［J］. 审计研究, 2011 (4)：68 – 78.

［257］唐凯桃, 杨彦婷. 内部控制有效性、公允价值计量及盈余波动 ［J］. 财经科学, 2016 (7)：121 – 132.

［258］Earley C E, Hoffman V B, Joe J R. Auditors' role in Level 2 versus Level 3 fair-value classification judgments ［J］. Working Paper, SSRN, 2014.

［259］杜兴强, 温日光. 公司治理与会计信息质量：一项经验研究 ［J］. 财经研究, 2007 (1)：122 – 133.

［260］樊行健, 肖光红. 关于企业内部控制本质与概念的理论反思 ［J］. 会计研究, 2014 (2)：4 – 11 +94.

［261］方红星, 金玉娜. 高质量内部控制能抑制盈余管理吗？——基于自愿性内部控制鉴证报告的经验研究 ［J］. 会计研究, 2011 (8)：53 – 60 +96.

［262］Joseph J, Ocasio W, McDonnell M H. The structural elaboration of board independence：Executive power, institutional logics, and the adoption of CEO-only board structures in US corporate governance ［J］. Academy of Management Journal, 2014, 57 (6)：1834 – 1858.

［263］Finkelstein S. Power in top management teams：Dimensions, measurement, and validation ［J］. Academy of Management Journal, 1992, 35 (3)：505 – 538.

［264］权小锋, 吴世农. CEO 权力强度、信息披露质量与公司业绩的波动性——基于深交所上市公司的实证研究 ［J］. 南开管理评论, 2010, 13 (4)：142 – 153.

［265］赵息, 张西栓. 内部控制、高管权力与并购绩效——来自中国证券市场的经验证据 ［J］. 南开管理评论, 2013, 16 (2)：75 – 81.

［266］白重恩, 刘俏, 陆洲, 等. 中国上市公司治理结构的实证研究 ［J］. 经济研究, 2005 (2)：81 – 91.

［267］林钟高, 常青. 内部控制监管、内部控制缺陷及修复与董事会治

理［J］．会计与经济研究，2017，31（1）：65－83．

［268］逯东，付鹏，杨丹．媒体类型、媒体关注与上市公司内部控制质量［J］．会计研究，2015（4）：78－85＋96．

［269］李万福，林斌，宋璐．内部控制在公司投资中的角色：效率促进还是抑制？［J］．管理世界，2011（2）：81－99＋188．

［270］李越冬，张冬，刘伟伟．内部控制重大缺陷、产权性质与审计定价［J］．审计研究，2014（2）：45－52．

［271］刘焱，姚海鑫．高管权力、审计委员会专业性与内部控制缺陷［J］．南开管理评论，2014，17（2）：4－12．

［272］Francis J R，Reichelt K，Wang D．The pricing of national and city-specific reputations for industry expertise in the US audit market［J］．The Accounting Review，2005，80（1）：113－136．

［273］蔡春，谢柳芳，马可哪呐．高管审计背景、盈余管理与异常审计收费［J］．会计研究，2015（3）：72－78＋95．

［274］Zmijewski M E．Methodological issues related to the estimation of financial distress prediction models［J］．Journal of Accounting Research，1984，22（1）：59－82．

［275］蔡春，鲜文铎．会计师事务所行业专长与审计质量相关性的检验——来自中国上市公司审计市场的经验证据［J］．会计研究，2007（6）：41－47＋95．

［276］李馨子，牛煜皓，陈晓．企业金融资产配置、审计师识别与审计收费［J］．审计研究，2019（3）：93－100．

［277］范经华，张雅曼，刘启亮．内部控制、审计师行业专长、应计与真实盈余管理［J］．会计研究，2013（4）：81－88＋96．

［278］张三保，张志学．管理自主权：融会中国与西方、连接宏观与微观［J］．管理世界，2014（3）：102－118＋188．

［279］李四海．管理者背景特征与企业捐赠行为［J］．经济管理，2012，34（1）：138－152．

［280］周守华，胡为民，林斌，等．2012年中国上市公司内部控制研究［J］．会计研究，2013（7）：3－12＋96．

后　记

　　本书初稿完成于 2019 年，是本人博士学位论文的重要研究成果，初稿的完成基于我在攻读博士学位期间对公允价值计量及治理的理论与实践状况关注。读博的艰难苦闷毋庸赘言，此书的写作更是投入了大量时间与精力，再次翻阅这篇耗时一年有余的作品，仿佛是我人生的写照，虽然有些"书不尽言，言不尽意"的遗憾，但是更多的是喜悦、满足和对未来的无限憧憬。

　　在此，我要向我的师长、家人与同学致谢，因为你们的教导、鼓励与关照，本书才能顺利成稿。特别感谢师兄胡国强，在我学习和写作过程中给予大力帮助，更让我明白一个青年学者应该如何追求学术的"纯粹"与"激情"。

　　本书稿已完成三年，但公允价值估计的管理者自由裁量行为及治理仍有较多问题亟待探讨，特别是较少文章直接关注我国公允价值计量与监管。在公允价值被广泛推行于会计实务的背景下，研究各项公允价值资产或负债在运用中的自由裁量问题仍然任重道远。因此，与其说本书稿是我博士学业的总结，不如将其作为我未来学习与研究生涯的新起点。

杨金坤

2023 年 3 月于天津